진부한 교회들에 대한 불만족으로 종교를 진지하게 탐구하는 중이라면 잠시 이 책의 메시지에 귀를 기울여 보라. 참, 아기자기한 그림들과 재기 넘치는 표현들이 가득하다고 해서 이 책의 진지함을 놓치지 않기를 바란다. 천천히 읽을수록 좋은 책이다.
스캇 맥나이트 _노던신학교 신약학 교수, 《하나님 나라의 비밀》 저자

스카이 제서니가 신앙을 가로막는 장애물을 뚫고 나가기 위한 쉽고도 명료한 안내서를 내놓았다. 종교에 관한 당신의 신념이 어떠하든 궁극적인 질문들에 관심이 있다면 이 책이 가뭄 끝에 단비와 같이 반가울 것이다.
존 오트버그 _멘로파크장로교회 담임목사, 《선택 훈련》 저자

종교적인 사람과 비종교적인 사람 모두를 겨냥한 이 책에서 스카이 제서니는 고정관념의 틀에서 벗어나 종교의 잘못된 점과 신앙의 옳은 점을 희망적이고도 유머러스하며 솔직 담백하게 이야기한다. 종교에 환멸을 느끼고 있다면 이 책을 꼭 읽어야 한다!
밥 고프 _《사랑으로 변한다》 저자

스카이 제서니는 타고난 이야기꾼이다. 이만큼 내 상상력을 자극하고 정신이 번쩍 들게 하며 영혼을 깨우는 책은 참으로 오랜만에 만났다. 이 책에서 저자는 문제투성이 종교를 솜씨 좋게 해체한 뒤 우리에게 더 좋은 믿을 거리를 제시한다. 호기심 많은 비신자나 신자나 상관없이 모두에게 신선한 도전이 될 것이다. 강력히 추천한다.
폴 패스터 _*The Listening Day* 저자

페이지마다 인생과 신앙에 관한 신선한 통찰로 가득한 책이다. 이 책에서 스카이 제서니는 예수님에 관한 해로운 오해들을 밝혀내고 예수님이 우리 모두에게 제시하시는 '훨씬' 더 좋은 삶에 강력한 빛을 비추고 있다.
카라 파월 _풀러청소년연구소 대표

냉소와 혼란, 그릇된 확신의 문화에 깊이 빠진 사람들을 위한 신선하고 쉬우며 의미 있고도 유용한 '종교적' 교정책이다. 우리 교회 전교인에게 한 권씩 선물하고 싶다.
A. J. 셰릴 _마스힐바이블교회 목사

하나님에 대해 회의적인가? 종교에 신물이 났는가? 어떤 경우든 이 책이 한 줄기 시원한 바람처럼 느껴질 것이다. 《종교에 죽고 예수와 살다》에서 스카이 제서니는 바리새인의 엄격함이나 '하나님을 상대로 한 뇌물 행위' 같은 하나님에 대한 그릇된 접근법을 정확히 진단한 뒤에 좋은 길을 자상하게 보여 준다. 궁극적으로 이 책은 우리가 거짓된 짐을 예수님의 '쉬운 멍에'로 바꾸도록 도와준다. 지친 무신론자와 지친 신자 모두에게 추천해 마지않는다.
드루 딕 _〈크리스채너티 투데이〉 편집자, *Generation Ex-Christian* 저자

정말 멋진 책이다. 이 책에서 스카이 제서니는 우리가 종교를 사랑하거나 미워하는 이유, 우리 사회가 아무리 '세속적으로' 변했어도 여전히 종교를 벗어날 수 없는 이유를 전광석화와 같은 속도로 훑어본다. 하지만 전혀 쫓기는 느낌이 들지 않는다. 흥미롭고 지혜롭고 더없이 실질적이며, 무엇보다도 인생에 유익한 책이다. 예수님을 오래 따른 사람이나 종교라면 무조건 질색하는 사람이나 그 중간쯤인 사람이나 할 것 없이 무조건 읽으라.
존 마크 코머 _브리지타운교회 교육목사

종교에 죽고
예수와 살다

What's Wrong with Religion: 9 Things No One Told You about Faith
ⓒ 2017 by Skye Jethani
All rights reserved.
No part of this publication may be reproduced in any form
without written permission from Skypilot Media, Wheaton, IL. www.skypilot.media

Korean translation edition ⓒ 2017 by Duranno Ministry
38, 65-gil, Seobinggo-ro, Yongsan-gu, Seoul, Republic of Korea

This translation published by arrangement with Skypilot Media

본 저작물의 한국어판 저작권은 Skypilot Media와 독점 계약한 두란노서원에 있습니다.
신 저작권법에 의거하여 한국 내에서 보호를 받는 저작물이므로 무단 전재와 무단 복제를 금합니다.

종교에 죽고
예수와 살다

지은이 | 스카이 제서니
옮긴이 | 정성묵
초판 발행 | 2017. 10. 23
9쇄 발행 | 2025. 4. 3
등록번호 | 제1988-000080호
등록된 곳 | 서울특별시 용산구 서빙고로65길 38
발행처 | 사단법인 두란노서원
영업부 | 02)2078-3333 FAX | 080-749-3705
출판부 | 02)2078-3330

책값은 뒤표지에 있습니다.
ISBN 978-89-531-2969-6 03230

독자의 의견을 기다립니다.
tpress@duranno.com   www.duranno.com

두란노서원은 바울 사도가 3차 전도 여행 때 에베소에서 성령 받은 제자들을 따로 세워 하나님의 말씀으로 양육
하던 장소입니다. 사도행전 19장 8-20절의 정신에 따라 첫째 목회자를 돕는 사역과 평신도를 훈련시키는 사역,
둘째 세계선교™와 문서선교단행본·잡지 사역, 셋째 예수문화 및 경배와 찬양 사역, 그리고 가정·상담 사역 등을 감
당하고 있습니다. 1980년 12월 22일에 창립된 두란노서원은 주님 오실 때까지 이 사역들을 계속할 것입니다.

종교 게임을 끝내고 사랑을 시작하다

종교에 죽고 예수와 살다

스카이 제서니 지음 · 정성묵 옮김

두란노

차 례

들어가며

**종교 게임을 끝내고
사랑을 시작하다**

·
11

Part 1.

죽은 종교를
벗 다
종교, 무엇이 문제인가

1

모든 사람은 '종교적'이다
— 같은 출발점, 그러나 다른 도착지 · 17

2

'종교'가 세상을 어떻게 망치는가
— 위험, 두려움, 통제의 악순환 · 31

3

'종교'를 없애면 다 해결될까
— 진짜 문제는 종교가 아니라, 실질적 무신론자 · 49

4

하나님은 '우리가 부리기 위해' 존재하는 분이 아니다
— 내 멋대로 믿는 소비주의의 함정 · 65

5

우리도 '하나님께 이용되기 위해' 존재하는 것이 아니다
— 열심이 우상으로 변질된 사명주의 · 79

Part 2.

살아 있는 복음을
입 다

예수와 살면, 반드시 일상이 개혁된다

6

'함께 살자' 날마다 초대하신다
— 같이 살고 싶어서 오신 예수 · 97

7

진정한 '래디컬' 삶을 살라
— 종교가 아니라 예수로 사는 래디컬한 삶 · 115

8

하나님 손안에서 당신은 완전하게 안전하다
— 종교의 악순환을 끊는 믿음, 소망, 사랑 · 125

9

당신에게 필요한 전부는 사랑이다
— 충분한 사랑의 원천과 함께하는 인생 · 141

"대부분의 사람들이 스포츠 게임을 하듯 종교 게임을 한다.
그 바람에 종교는 가장 많은 사람이 하는 게임이 되어 버렸다."
-A. W. 토저

들어가며

종교 게임을 끝내고 사랑을 시작하다

종교 얘기는 좀 부담스러우니 스포츠 얘기로 운을 떼 보자. 대부분의 사람들은 재미로 스포츠를 하고, 직접 뛰기보다는 주로 구경을 한다. 요즘 부모들은 아이들에게 스포츠를 최소한 한 가지는 시킨다. 그리고 그렇게 하기 위해 기꺼이 주말까지 헌납한다. 하지만 자신의 아이가 커서 프로 운동 선수가 되리라 기대하는 사람은 별로 없다. 물론 그렇다고 해도 별로 아쉽지는 않다. 보통 사람들에게 스포츠는 단순히 삶의 일부일 뿐 삶의 중심을 차지하지는 않기 때문이다.

종교가 바로 이런 신세가 됐다. 어릴 적에는 직접

경기장에서 뛰었지만 커서는 그저 큰 시합을 구경하거나 홈팀을 응원하기 위해 관람객으로 경기장에 가듯 예배당에 간다. 종교를 유치하게 보거나 잠깐의 기분전환용으로 여긴다. 그러다 점점 나이를 먹으면서 종교를 아예 떠나 버리기도 한다. 하지만 스포츠처럼 때로 종교는 무시할 수 없는 요소다. 설령 우리는 그렇지 않다 해도 종교를 매우, 매우 진지하게 여기는 팬들이 있기 때문이다. 그들은 자신의 종교 '팀'을 목숨처럼 소중하게 여기고 다른 모든 팀을 적으로 간주한다. 그들에게 종교는 단순한 게임을 넘어 전쟁이다.

한 지역이나 국가 전체가 하나의 종교를 갖고 있던 시절이 있었다. 모두가 같은 팀을 응원하며 똘똘 뭉쳤다. 하지만 사람들이 수시로 이동하고 섞이고 변화되는 요즘은 종교가 우리를 연합시키기보다는 분열시키는 요인으로 작용할 때가 더 많다. 그래서 종교가 툭하면 갈등과 문화 전쟁을 촉발하곤 한다. 이런 이유로 아까 종교 얘기가 부담스럽다고 했으며, 또한 이런 이유로 적잖은 사람들이 종교 게임에서 완전히 손을 떼기도 한다.

내 얘기를 좀 해 보면, 나는 힌두교도와 인본주의자, 복음주의 기독교 신자와 무신론자, 가톨릭교도와 컵스

팬(그렇다, 프로야구도 종교다)까지 다양한 부류가 뒤섞인 집안에서 자랐다. 종교 경기장에 너무 많은 '팀들'이 나와 쉴 새 없이 다툼을 벌이는 바람에 청년 시절 나는 게임에서 아예 손을 떼기로 마음먹었다. 내가 보기에 종교는 어리석다 못해 지독히 해로웠다. 어쩌면 이 책을 펴 든 당신도 종교에 진력이 났을 수 있겠다.

그렇게 종교에 지독한 회의를 느낄 무렵, 예기치 못한 인물이 경기장 한복판으로 걸어 들어왔다. 그분은 게임을 하기 위해서 온 것이 아니었다. 사실, 그분은 게임에는 눈길조차 주지 않았다. 그때 나는 예수님의 가르침을 배웠고, 그분이 어떤 분인지 알게 되었다. 말할 수 없이 부담스러운 분이면서 동시에 말할 수 없이 매력적인 분이었다. 그분의 이름을 도용한 문화적·제도적 '팀들'과는 전혀 달랐다.

이 책에 내가 종교 게임을 그만두고 예수 그리스도를 따르기 시작한 뒤로 배운 아홉 가지 놀라운 사실을 정리했다.

자, 시작해 보자.

Part 1.

죽은 종교를 벗다

종교, 무엇이 문제인가

Chapter 1

모든 사람이 '종교적'이다

같은 출발점, 그러나 다른 도착지

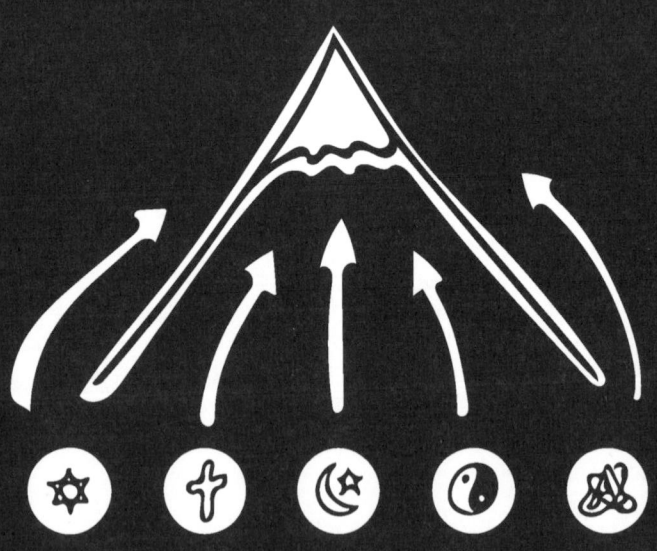

아무 종교나 믿어라, 다 거기서 거기다?

열아홉 살 때 인도 뭄바이에서 신당으로 꾸며 놓은 나무 한 그루를 보았다. 그곳에는 인도에서 흔히 볼 수 있는 동물 머리를 하고 팔다리가 여러 개인 힌두교 신상들이 있었는데, 그 자리에 이슬람교 경전인 코란의 한 구절, 십계명을 들고 있는 모세상, 예수상도 한데 모여 있는 기이한 광경을 보고 나는 적잖이 놀랐다. 그 나무는 이렇게 말하는 듯했다. "무엇을 믿든 상관없어. 모든 종교가 똑같거든."

기분 좋은 말이고, 인기 있는 말이다. 제법 그럴 듯하게 들린다. 우리는 종교들을 '산에 오르는 길'로 생각하길 좋아한다. 문화마다 영적 진리를 표현하는 방법이 다르지만 궁극적으로 그 차이는 전혀 중요하지 않다 여긴다. 간디도 그런 식으로 말했다.

> "여러 종교는 한 지점에서 만나는 여러 길과도 같다.
> 어차피 모두 같은 목적지에 이를 텐데 다른 길로 간들 무슨 상관인가."
> -마하트마 간디

그러나 간디가 틀렸다(물론 내 주장이다). 모든 영적 길이 똑같은 목적지로 이어진다는 주장은 각 종교의 독특한 가르침과 문화, 역사를 무시한 결론이다. 또한 모든 종교 이면에 있는 인간 보편의 딜레마를 놓치고 있다. 그런 의미에서 뒤집힌 산이 종교를 더 정확히 묘사하는 그림이라고 할 수 있겠다. 그렇다. 모든 종교는 같은 곳에서 출발한다.

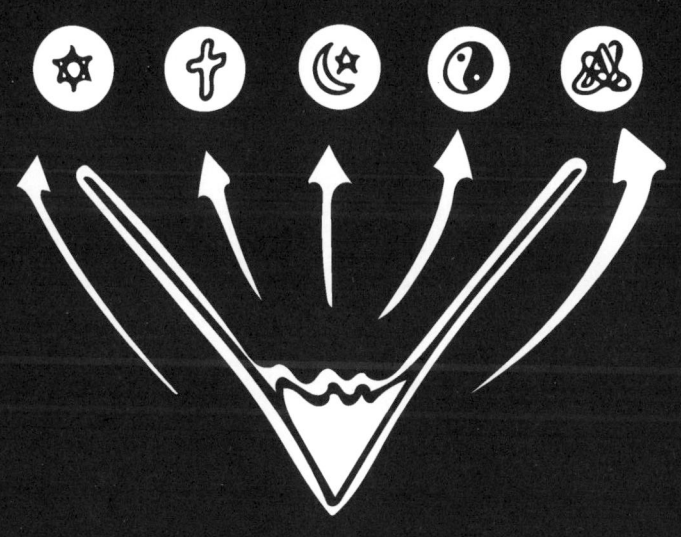

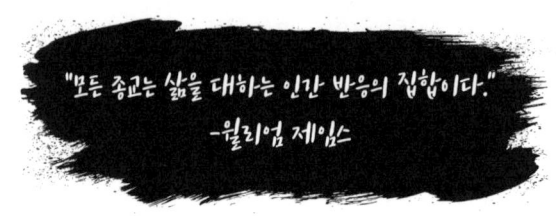

"모든 종교는 삶을 대하는 인간 반응의 집합이다."
-윌리엄 제임스

    종교는 혼돈에 빠지고 결핍에 허덕이며 불의에 시달리는 세상에 각 문화들이 내놓은 반응이다. 종교는 죽음에 느끼는 만국공통의 두려움을 다루는 방식이다. 우리는 이런 두려움을 극복하기 위해 세상을 최대한 통제하려고 하는데, 바로 종교는 이 부분에서 도움을 준다. 즉 종교는 우리가 세상을 실제로 통제한다는 느낌을 준다.

    모든 종교는 두려움이라는 하나의 출발점에서 시작한다. 하지만 점점 간격이 벌어져 결국은 서로 완전히 다른 곳에 이른다. 어떤 길은 평화롭고 어떤 길은 폭력적이다. 어떤 종교는 화합을 추구하고 어떤 종교는 불화를 조장한다. 어떤 이들은 신을 믿고 어떤 이들은 이성에 희망을 건다.

광야 같은 세상을
사는 인생들

　모든 종교의 공통된 기원, 그리고 비종교인을 포함해 모든 사람이 실상은 다 종교적이라는 사실을 더 잘 이해하기 위해 딱 한 종교의 탄생 스토리를 살펴보자.

　구약 성경은 하나님이 세상을 질서정연하고 아름답고 풍요로운 곳으로 창조하셨다고 말한다. 처음 세상은 지상낙원인 동산이었다. 하지만 태평천하는 오래가지 않았다. 아담과 하와 이야기를 알 것이다. 하지만 과연 제대로 알고 있을까? 대중문화가 그리는 아담과 하와의 이야기는 주체 못할 욕망을 품었던 벌거벗은 못된 남녀에 관한 이야기다.

　하지만 실상은 그렇지 않다. 그 이야기는 '하나님처럼 되기를' 원했던 사람들에 관한 이야기다. 바로 그것이 그들이 금단의 열매를 먹었던 이유다. 하나님은 인류와 '함께' 이

땅을 다스릴 계획이셨다. 하지만 인간들은 하나님 '대신' 세상을 다스리기 위해 필요한 지식에 눈독을 들였다. 그것은 하나님을 몰아내고 대신 왕좌에 앉으려는 반역이었다. 결말은 최악이었다. 인류와 하나님의 관계가 틀어졌고, 인류는 동산에서 광야로 쫓겨났다.

    고대 세계에서 동산은 질서와 미, 풍요의 상징이었다. 동산은 안전한 곳이었다. 반면, 광야는 혼돈과 추악함, 빈곤의 땅으로 두려움의 공간이었다. 이 이야기는 이런 이미지를 사용하여 한 가지 단순한 주장을 펼친다. 그것은 이 세상이 광야이며, 그래서 우리 모두가 두려움에 빠져 있다는 것이다.

아담과 하와의 이야기를 어떻게 보든 세상이 위험한 곳이라는 점에는 이견이 없을 것이다. 우리 모두는 두려움을 덜기 위해 주변 사람들과 환경을 통제하려고 애를 쓴다. 문제는 우리가 통제하려고 할수록 세상은 더 위험해진다는 것이다.

간단한 예를 들어 보자. 우물이 하나뿐인 사막에서 사는 두 부족을 상상해 보라. 타는 목마름이 두려운 두 부족은 서로 그 우물을 통제하려고 한다. 그런데 한 부족이 우물을 독차지하는 것은 곧 다른 부족의 죽음을 의미한다. 서로 우물을 더 철저하게 통제하려 들수록 두려움이 줄어들기는커녕 오히려 배가된다. 이제 두 부족은 탈수증뿐 아니라 '전쟁'까지 두려워해야 한다.

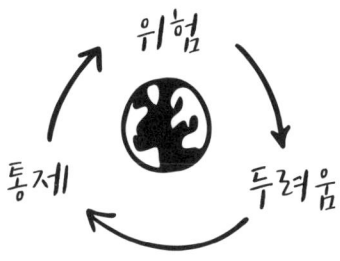

바로 이런 배경에서 종교가 무대에 등장한다. 즉 종교는 우리에게 통제 불능의 세상을 마치 통제하고 있는 듯한 느낌을 준다. 종교는 의식과 기도, 도덕, 사역을 통해 이 세상의 혼돈을 정돈하려고 한다. 종교는 대개 신을 통제하여 우주를 우리의 뜻대로 움직일 방법을 제공한다.

생물학 수업에서 배웠던 것처럼 놀란 짐승은 싸우든지 도망치든지 둘 중 하나로 반응한다. 위험을 피해 도망치든가 위협거리를 제압하려 든다. 싸움과 도망은 둘 다 두려움으로 인해 상황을 통제하려는 시도다.

종교도 마찬가지다. 어떤 종교적 길로 가느냐에 따라 도망침으로써 세상의 위험을 통제하려고 할 수도 있고, 싸워서 세상을 자신(혹은 자신의 신)이 원하는 곳으로 바꾸려고 할 수도 있다.

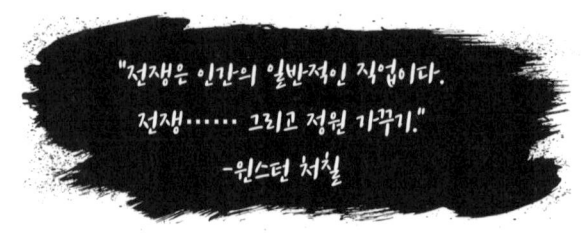
"전쟁은 인간의 일반적인 직업이다.
전쟁…… 그리고 정원 가꾸기."
-윈스턴 처칠

문제는 우물을 통제하기 위해 싸우는 두 부족처럼 통제를 추구하면 세상은 더 위험한 곳으로 변할 뿐이라는 것이다. 위험과 두려움, 통제의 끝없는 굴레에 갇히고 만다. 하나의 종교적인 길이 막다른 골목에 이르면 우리는 또 다른 길로 가고, 거기서 막히면 또 다른 길을 시도한다. 끝없는 반복이다. 그러다 결국 종교를 완전히 떠나기도 한다. 하지만 그렇다고 광야를 탈출한 것은 아니다.

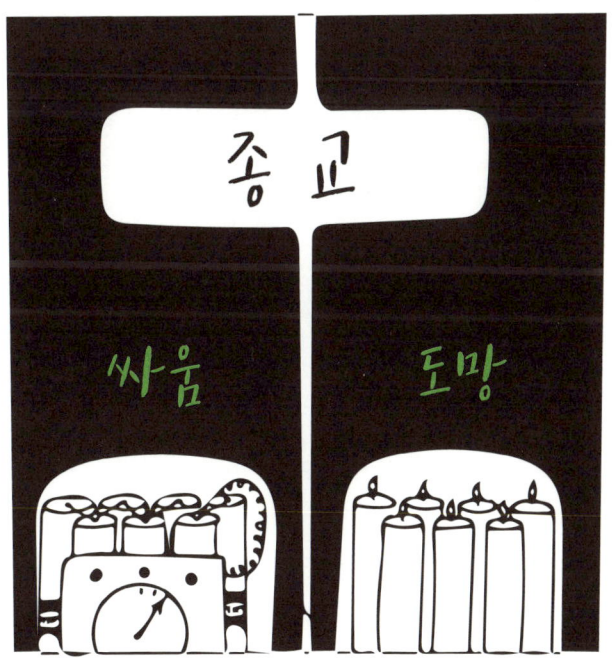

무엇이든 '신'이 될 수 있다

요즘은 종교가 불필요하다는 인식이 널리 퍼져 있다. 이 때문에 종교의 영향력이 감소하고 있다. 하지만 사람들이 모르는 사실 하나는, 현실을 가만히 살펴보면 세상이 오히려 '더' 종교적으로 변해 간다는 것이다. 물론 종교적인 사람을 이상하거나 심지어는 극단주의자로 보는 곳이 많다. 그렇다 보니 "나는 영성을 추구할 뿐 종교적이지는 않다"라는 말이 심심치 않게 들린다. 자신이 심오한 삶을 살고 있을 뿐 광신도는 아니라는 뜻이리라.

하지만 아무리 그렇게 부인해도 모든 사람은 종교적이다. 왜일까? 모든 사람이 똑같이 위험한 세상에서 살며 두려움에 떨고 있기 때문이다. 모든 사람이 나름의 통제 시스템으로 그 두려움을 극복하려고 애를 쓴다. 전통적인 종교의 길로 산을 오르지 않는 사람들도 종교가 해결하려는 것과 똑같은 문제와 씨름하며 산다.

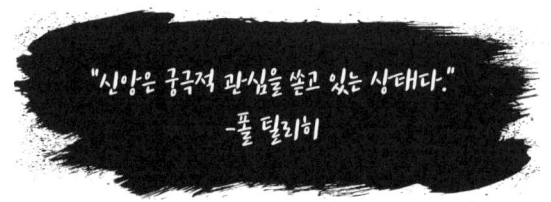
"신앙은 궁극적 관심을 쏟고 있는 상태다."
-폴 틸리히

철학자이자 신학자였던 폴 틸리히는 인간이 된다는 것은 종교적이 된다는 의미라고 말했다. 모든 사람에게 궁극적인 관심사가 있기 때문이다. 어떤 이들에게 궁극적인 관심사는 '하나님'이고 어떤 이들에게는 명예다. 부나 권세, 섹스, 관계, 조국, 명분에 궁극적인 관심을 두고 살아가는 이들도 있다. 그런 관심사가 바로 그들의 신이다. 그것이 그들에게 의미와 목적, 그리고 이 두려운 세상을 통제하는 느낌을 제공한다.

틸리히에 따르면, 종교적인 사람이나 비종교적인 사람이나 상관없이 모두가 뒤집어진 산을 오르고 있다. 문제는 과연 어떤 길이 우리 모두가 그토록 탈출하려고 애쓰는 위험과 두려움, 통제의 굴레를 실제로 깨뜨리느냐 하는 것이다.

당신의 궁극적 관심사는 무엇인가?
그것은 어떻게 당신의 삶에 의미와 통제력을 더해 주는가?

Chapter 2

'종교'가 세상을
어떻게 망치는가

위험, 두려움, 통제의
악순환

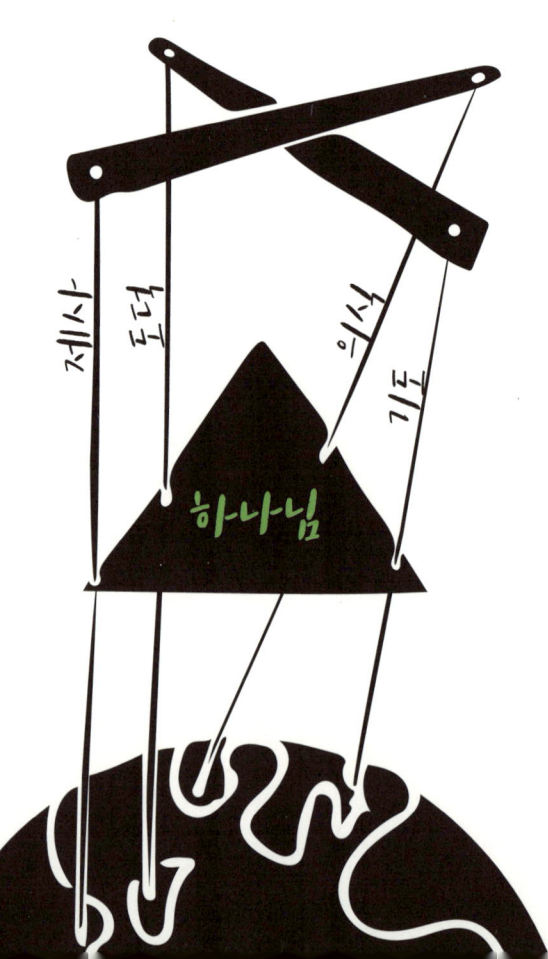

신을 길들이려는 인간의 몸부림

종교는 이상한 짓들을 벌인다. 예를 들어, 사람들이 옷을 다 입은 채로 물속에 온몸을 담그게 만든다. 수백만 명이 거대한 검은 입방체를 일곱 번이나 돌게 만들기도 한다. 심지어 처녀들을 화산 속에 던지기도 한다. 한번은 외국에서 자다가 아침에 눈을 떠 보니 내 방에서 희한한 종교 의식이 벌어지고 있었다. 한 남자가 물과 꽃들, 불타는 코코넛이 담긴 쟁반을 머리에 인 채 아슬아슬 균형을 잡고 그 주위로 네 명의 내시가 둘러싼 채 춤추는 모습에 기절하는 줄 알았다.

이 괴이한 의식의 정체는 도대체 무엇일까? 초기 문명들은 각자 다른 성격과 의지를 지닌 신들이 우주를 다스린다고 믿었다. 따라서 자신이나 자신의 공동체가 해를 입지 않도록 세상을 통제하려면 이 세상을 통제하는 신들을 조종해야만

했다.

고대 종교들은 신들의 노여움을 달래거나 복을 얻기 위해 제사와 의식을 사용했다. 그런 의미에서 종교는 기본적으로 일종의 뇌물 행위였다. 신적인 힘들을 통제하고 우주의 운영에 참여하려는 욕심으로 제사를 드렸다.

지금은 지구가 자전하면서 매일 아침 태양이 떠오른다는 것을 알고 있다. 하지만 고대인들은 신이 태양을 떠오르게 한다고 믿었다. 심지어 태양 자체가 하나의 신이라고 믿은 종족들도 있었다. 그들이 볼 때 태양신이 진노하면 내일은 오지 않을 수도 있었다. 종교는 이런 두려움을 줄이고자 신들의 분노 발작을 통제하는 방법을 마련했다.

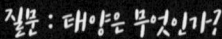

질문 : 태양은 무엇인가?
답 ① 중력이 발생시킨 에너지를 발산하는 거대한 수소와 헬륨 덩어리.
답 ② 춤추는 내시들과 코코넛을 좋아하는 심술궂은 노인.

바로 내시들의 춤이었다.

종교가 진화하면서 그 통제 시스템도 발전했다. 시간이 지나면서 의식과 주문, 제사 외에 도덕이 신의 은총을 입거나 신의 진노를 피하는 중요한 방법으로 등극했다. 도덕적으로 살면 풍년이 찾아오고 가문이 번성하며 국가가 전쟁과 가뭄을 피할 수 있다는 믿음이 뿌리를 내렸다. 이런 이유로 많은 종교적인 사람들이 하나님의 계명에 순종함으로써 경건의 껍데기를 치장하고 있다.

하지만 가까이서 속을 들여다보면 전혀 다른 풍경이 펼쳐진다. 종교적인 사람은 사랑에서 우러나온 헌신을 하기보다는 단순히 예측 불가능한 세상을 두려워하는 사람일 수 있다. "내가 과연 취직할 수 있을까?" "내 자식들이 무사할까?" "우리 팀이 결승에 진출할 수 있을까?" 그는 이런 통제할 수 없는 상황을 통제하기 위해 도덕적인 행동으로 하나님의 복을 얻어 내려고 한다. 그래서 겉으로는 하나님께 헌신하는 듯 보이지만 실상은 세상을 자신이 원하는 대로 움직이기 위해 하나님을 꼭두각시처럼 조종하려는 것일 뿐이다.

NFL(미국 미식축구리그) 와이드 리시버 스티비 존슨(Stevie Johnson)은 엔드 존에서 날아온 패스를 받아 내지 못한 뒤에 다음 트윗을 남겼다. 그는 자신의 역할을 충실히 수행했다. 누구보다도 열심히 하나님을 찬양했다. 그런 만큼 하나님이 공을 잡도록 도와주실 줄 알았다. 하지만 하나님이 그분의 역할을 다하지 않으셨다고 판단되자 그는 SNS를 통해 그분께 한바탕 퍼부어 댔다.

> @StevieJohnson13
> StevieJohnson
> 나는 매일 하루 종일 당신을 찬양했어요!!! 그런데 나를 이런 식으로 대접하다니요!! 이 일에서 교훈을 얻으라고요?? 어떻게?? 교훈은 무슨! 이번 일을 절대 잊지 않겠어요! 절대!!!

스티비 존슨의 트윗은 종교의 첫 번째 문제점을 적나라하게 보여 준다. 하나님은 그분을 통제하려는 우리의 시도에 응해 주시지 않는다는 것이다. 하지만 하나님을 통제할 수 없는데도 왜 그토록 많은 사람들이 아직도 그런 시도를 하는 것일까? 그것은 소위 '확증 편향'(confirmation bias) 때문이다. 종교들은 기도나 의식, 도덕을 통해 하나님의 은혜가 임한 사건은 요란하게 선전하고 하나님의 침묵이나 비협조에 관한 이야기에 대해서는 쉬쉬하는 경향이 있다.

고대 그리스의 무신론 철학자 디아고라스(Diagoras)의 이야기를 들어 보라. 사람들이 디아고라스에게 신의 존재를 설득시키기 위해 기도했다가 난파선에서 구조된 선원들의 사진을 보여 주었다. 하지만 그는 시큰둥한 표정만 지을 뿐이었다. "살려 달라고 기도했지만 끝내 익사한 선원들의 사진은 어디에 있죠?" 죽은 사람은 기대를 저버린 신에 관한 이야기를 전하지 않는 법이다.

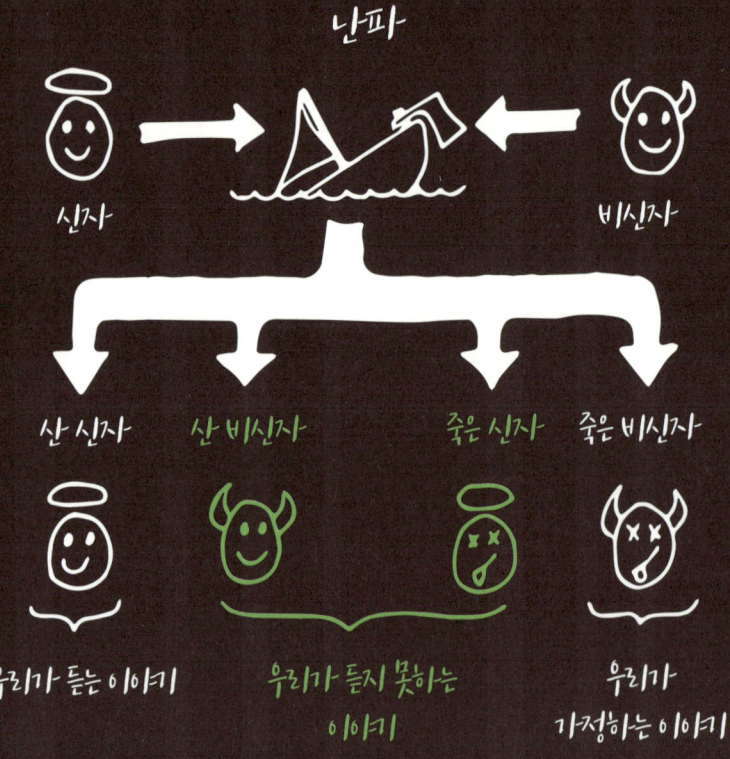

종교들은 긍정적인 이야기만 부각시킴으로써 우주를 통제할 수 있다는 인식을 심어 주고, 두려움의 해독제를 찾는 사람들은 종교 지도자들이 파는 약을 사기 위해 길게 줄을 서 있다.

나는 십 대 시절 종교의 이런 민낯을 똑똑히 보았다. 청소년들은 두려움과 불안에 가장 시달리는 나이다. 그래서 종교 지도자들이 순결을 지키면 하나님께 복을 받아 성적이 오르고 인간관계가 좋아지고 심지어 미래에 좋은 직장과 배우자까지 보장된다고 말하면, 청소년들은 도저히 통제 불가능해 보이는 자신의 삶이 실제로 통제될 것만 같은 착각에 빠져든다.

이런 설교 뒤에는 으레 갓 결혼해서 깨가 쏟아지는 부부의 간증이 이어진다. 끝까지 순결을 지킨 끝에 결혼했지만 결국 별거하거나 이혼한 부부의 이야기는 절대 소개하지 않는다.

이런 도덕적 공식들은 모두에게 절망적인 상황을 만들어 낸다. 즉 도덕적 울타리 안에 완벽히 머물렀지만 결국 하나님이 자신의 뜻대로 움직이지 않는다는 사실을 발견하고 절망할 수 있고, 반대로 도덕적 울타리 밖에 있는 사람들은 자신에게 미칠 하나님의 복은 눈곱만큼도 없다는 결론을 내릴 수 있다. 종교를 버리는 젊은이들의 대열이 끝없이 이어지는 것도 무리는 아니다.

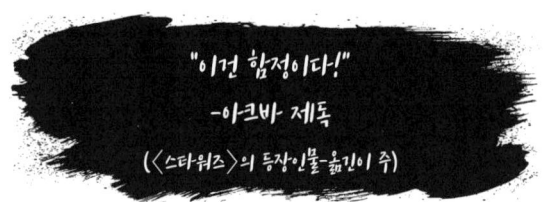

"이건 함정이다!"
-아크바 제독
(〈스타워즈〉의 등장인물-옮긴이 주)

하나님의 비밀경찰을 자처하다

종교적 규칙들을 잘 지켜야 재난을 피할 수 있다면, 종교 지도자들은 누구도 규칙을 어기지 않도록 감시하고 규제하는 종교 경찰 역할을 해야 한다. 하나님의 비밀경찰이라고나 할까. "담배 피우지 마!" "껌 씹지 마!" "그런 여자 사귀지 마!" 학생들에게 그렇게 소리 지르며 손가락질을 하는 목사나 자로 때리는 수녀를 상상해 보라.

사실, 두려움을 통해 종교를 보는 곳에서는 엄한 성직자들이 존경을 받는다. 종교 경찰은 공동체 전체의 안녕을 위해 모든 사람을 정해진 울타리 안에 묶어 두려고 한다. 망둥이 한 마리가 날뛰어 자칫 하나님의 진노가 온 마을을 덮치게 놔둘 수는 없지 않은가.

안타깝게도 자기가 생각하는 하나님의 뜻을 집단 전체에

적용하려는 이런 인간 본능은 온갖 끔찍한 공포를 낳았다. 2001년 9월 11일의 테러 공격을 생각해 보자. 그 참극이 일어나기 3년 전, 알 카에다는 아라비아 반도 파병이 하나님의 뜻을 거스른 행위라며 미국을 맹비난했다. 테러리스트들은 하나님의 경찰로서 그분의 법을 어긴 미국을 엄벌하는 것이 자신들의 거룩한 임무라고 믿었다.

놀랍게도 미국의 일부 종교인들도 같은 생각을 보여 주었다. 일례로 테러 공격이 있은 지 며칠 만에 한 유명 목사가 텔레비전에 나와 이런 발언을 했다. "이방인들과 낙태주의자들, 페미니스트들, 동성애자들……, 이들 모두는 미국을 세속화하려고 한 자들입니다. 이들의 면전에 대고 '바로 당신 때문에 이런 일이 일어난 거요!'라고 말해 주고 싶습니다."

이슬람교 테러리스트들과 기독교 근본주의자들은 모두 9·11 테러가 하나님의 명령을 거역한 미국 때문에 일어났다고 믿었다. 단지 그것이 '어떤' 명령인지 대해서만 의견이 달랐을 뿐이다.

크리스토퍼 히친스(Christopher Hitchens) 같은 무신론자들은 종교가 저지른 악행을 근거로 하나님의 존재를 부인한다. 히친스는 영국 수상을 지낸 가톨릭교도 토니 블레어(Tony Blair)와 종교의 가치에 관한 논쟁을 벌인 적이 있다. 그때

블레어는 신자들이 보여 준 역사 속의 수많은 선행을 나열했다. 이에 히친스는 하나님의 경찰을 자처한 자들이 벌인 잔혹 행위들을 지적했다. 논쟁 후에 시청자 투표를 벌였는데 결과는 놀랍게도 무신론자가 압승했다.

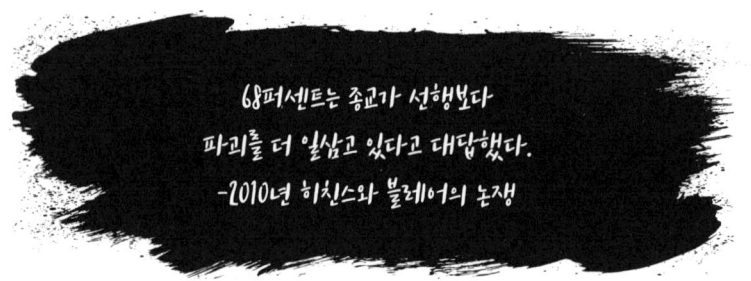

68퍼센트는 종교가 선행보다 파괴를 더 일삼고 있다고 대답했다.
-2010년 히친스와 블레어의 논쟁

쉬운 멍에, 가벼운 짐이 여기 있다

크리스토퍼 히친스는 예수님과 죽이 맞을 만한 사람이었다. 예수님도 하나님의 경찰 행세를 한 종교 지도자들 때문에 무척 속을 끓이셨으니 말이다. 예수님 당시 서기관들과 바리새인들은 종교를 매우 단순한 동시에 짐스러운 규칙으로 이해했다.

순종 = 축복

불순종 = 저주

이 공식의 의미는 간단하다. 복받은 것처럼 보이는 사람들(부자, 건강한 사람, 권세가)은 순종한 만큼 하나님께 상을 받은 것이고, 저주받은 것처럼 보이는 사람들(가난한 사람, 아픈 사람, 힘없는 자)은 불순종의 보응을 받은 것이다. 이런 식으로 세상은 승자와 패자로 갈린다. 서기관들과 바리새인들은 승자였고, 예수님을 위시한 촌뜨기 어부들과 창기들은 패자였다.

　　예수님은 이 공식에 정면으로 도전하셨다. 예를 들어, 종교 지도자들은 나면서부터 앞을 볼 수 없는 사람이 하나님께 불순종한 부모 때문에 그렇게 된 것이라고 믿었다. 예수님은 그렇지 않다는 점을 입증하기 위해 그의 시력을 회복시킨 다음 사실상 그가 복을 받은 자라고 말씀하셨다(요 9장). 나아가 예수님은 부(wealth)가 복이 아니라 오히려 하나님께로 가는 길을 방해하는 저주일 수 있다는 점을 일깨워 주셨다. 부자가 하나님과 함께 사는 것이 낙타가 바늘귀로 들어가는 것보다 어렵다는 예수님의 말씀에 종교 지도자들은 물론이고 심지어 그분의 제자들까지 충격에 빠졌다(마 19:24).

종교의 집

하지만 예수님의 가장 맹렬한 비판의 칼날은 바로 종교 지도자들을 향했다(예수님이 그저 온순하기만 한 분이라고 생각했다면 마태복음 23장을 읽어 보라). 예수님이 보신 종교 지도자들의 진짜 문제점은 이것이었다. "무거운 짐을 묶어 사람의 어깨에 지우되"(마 23:4). 이 짐은 바로 하나님을 조종하기 위해 사용한 의식과 제사, 도덕이었다. 고대 이스라엘에서는 종교적 의무들을 '멍에'라 불렀다.

종교의 무거운 멍에에 지친 자들에게 예수님은 한줄기 시원한 바람 같은 선언을 하셨다. "수고하고 무거운 짐 진 자들아 다 내게로 오라 내가 너희를 쉬게 하리라 나는 마음이 온유하고 겸손하니 나의 멍에를 메고 내게 배우라 그리하면 너희 마음이 쉼을 얻으리니 이는 내 멍에는 쉽고 내 짐은 가벼움이라"(마 11:28-30).

예수님의 집

종교는 사람들에게 하나님을 조종할 수 있다는 거짓 믿음을 심어 줌으로써 세상을 망친다. 종교는 두려움에 빠진 사람들을 '독재자'로, 종교 단체를 '권력을 남용해 사람들의 생활을 감시하고 통제하는 경찰국가'로 변질시킨다. 그렇다면 해법은 간단하다. 종교만 없애면 되지 않을까?

다음 장에서 이것이 왜 잘못된 생각인지 알게 될 것이다.

 하나님을 조종하려고 해 본 적이 있는가?
종교적 통제 시스템이 통하지 않는다는 사실을
어떻게 깨달았는가?

Chapter 3

'종교'를 없애면
다 해결될까

진짜 문제는 종교가 아니라,
실질적 무신론자

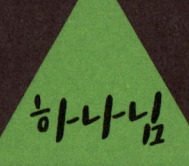

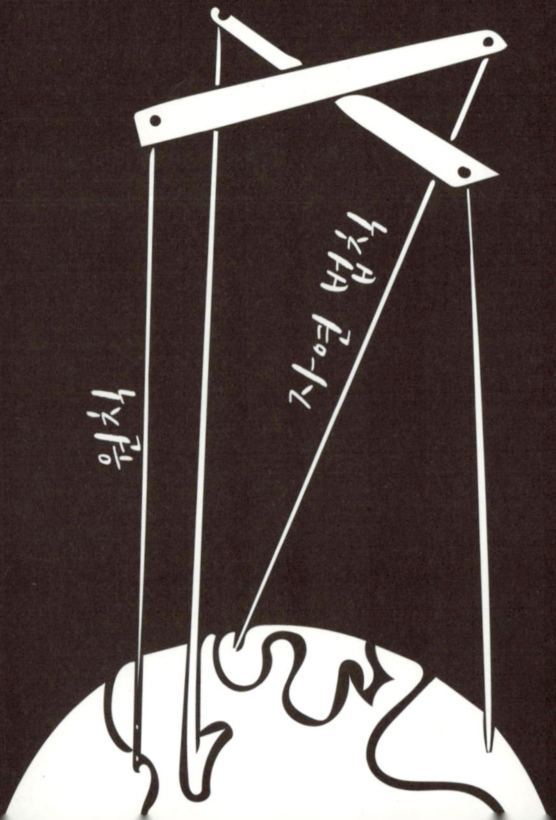

종교가 아니라 '우리'가 문제다

열병을 치료한답시고 두개골에 구멍을 뚫던 중세의 의사들처럼 종교 자체는 인류의 감염 문제는 전혀 해결하지 못하고 오히려 병세를 더 악화시키곤 한다. 실제로 종교는 꽤 나쁜 성적을 거두었고, 그로 인해 많은 사람이 종교를 없애는 것만이 답이라는 결론에 이르렀다.

몇 해 전, 캘리포니아 해변으로 가족 여행을 다녀왔다. 거기서 나무상자 위에 서서 피켓을 들고 확성기에 대고 고래고래 소리 지르는 길거리 연설자들 때문에 기분을 망쳤던 기억이 난다. 그런데 알고 보니 뜻밖에도 그들은 '종교'로부터의 회개를 촉구하는 무리였다. 그들은 종교가 세상을 망치고 있다고 확신하는 무신론자들이었다. 과연 그들의 말이 옳을까? 세상의 문제점은 종교이고, 따라서 그것을 버려야만 인류가 살아남을까?

나는 그렇게 생각하지 않는다. 두개골을 뚫던 중세의 의사들을 생각해 보라. 머리에 구멍을 내 봐야 열병이 치료되지 않으니 야만적인 치료법을 멈춰야 하는 것은 당연한 일이다. 하지만 구멍을 뚫지 않는다고 해서 열병이 치료되는 것은 아니다. 실패한 해법을 버리는 것과 실제로 문제를 해결하는 것은 엄연히 다르다. 같은 이치로, 종교가 인류의 문제를 해결하지 못하더라도 종교를 버린다고 해도 문제가 해결되지 않기는 마찬가지다. 지난 세기의 세상을 보면 무신론은 그 신봉자들이 생각하는 것만큼 기적의 치료제가 아니다.

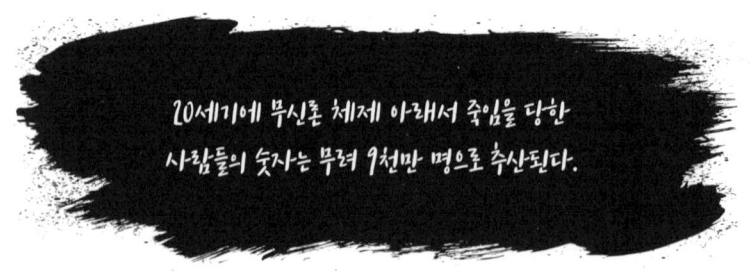

20세기에 무신론 체제 아래서 죽임을 당한 사람들의 숫자는 무려 9천만 명으로 추산된다.

20세기 가장 압제적인 체제 대부분이 무신론을 기초로

건설되었다. 스탈린의 소련과 모택동의 중공, 캄보디아의 크메르 정권, 지금까지도 지속되고 있는 북한은 모두 살인적인 무신론 정권이다.

물론 종교적인 사람들도 끔찍한 악을 저지르곤 한다. 하지만 종교를 없앤다고 해서 상황이 더 나아지지는 않는다. 그래 봐야 종교적인 악을 비종교적인 악으로 대체하는 꼴에 지나지 않는다.

바츨라프 하벨(Vaclav Havel)은 이 점을 잘 알고 있었다. 공산 정권 아래서 투옥되어 극심한 고초를 겪었던 그는 나중에 체코 공화국 대통령에 선출되었다. 그런데 그는 정적들을 제거하지 않고 용서함으로써 전 세계를 깜짝 놀라게 만들었다. 그는 이렇게 말했다.

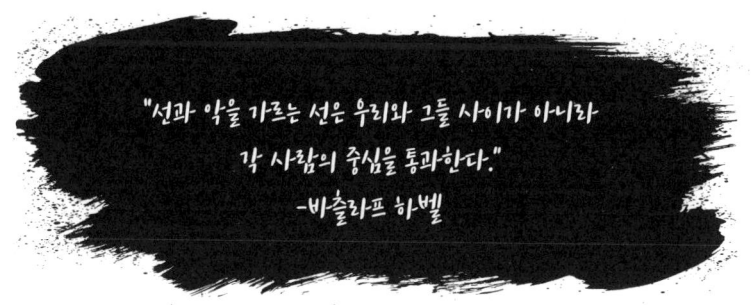

"선과 악을 가르는 선은 우리와 그들 사이가 아니라 각 사람의 중심을 통과한다."
-바츨라프 하벨

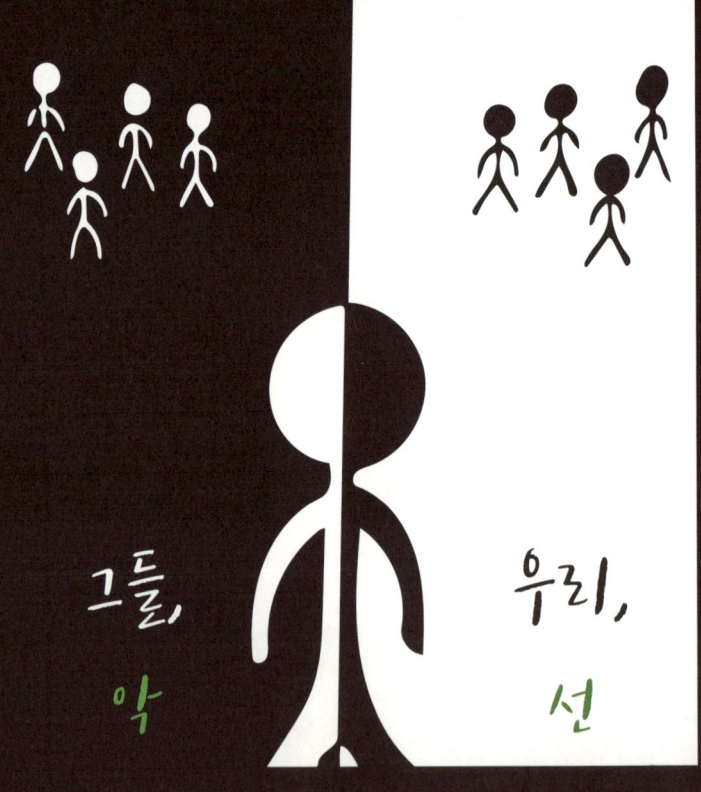

하나님의 이름으로 살인을 자행하는 자들이 있지만 지난 세기를 돌아보면 정치나 국가, 철학, 경제적 이권의 이름으로 벌어진 살인도 그에 못지않게 많다. 종교가 문제가 아니다. 바로 우리가 문제다.

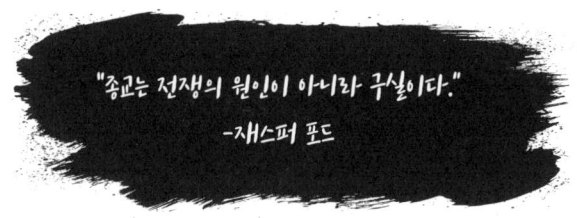

"종교는 전쟁의 원인이 아니라 구실이다."
-재스퍼 포드

실제로는 무신론자로 살고 있다

최근 65개국에서 여론조사를 벌인 결과에 따르면 '확실한 무신론자'는 11퍼센트밖에 되지 않는다고 한다. 불과 3년 전의 13퍼센트에 비해 꽤 내려간 편이다. 그렇다면 전 세계적으로 열에 아홉이 하나님을 믿고 그 숫자는 계속해서 증가하는 셈이다. 종교 진영의 확실한 승리다. 그렇지 않은가?

하지만 꼭 그렇지만도 않다. 하나님의 존재를 인정한다고 해서 꼭 그분께 헌신한다는 뜻은 아니기 때문이다. 스스로를 '종교적으로' 여긴다고 해서 꼭 그의 가치관이나 삶이 신앙적인 것은 아니다. 여전히 '실질적 무신론자'로 살아갈 수 있다. 무신론자가 아니더라도 얼마든지 무신론자처럼 살 수 있다.

실질적 무신론의 또 다른 이름은 '이신론'이다. 이신론은 하나님이 존재하고 우주를 창조하셨지만 더 이상 인간사에 관여하시지 않는다고 말한다. 세상을 사무실과 아파트, 식당으로 꽉 차 북적거리는 마천루로 상상해 보라. 이신론자들은 하나님을 이런 마천루의 설계자로 본다. 하나님은 건물 전체를 설계하고 공사 과정을 관장하셨다. 하지만 그분의 역할은 거기까지다. 이제 건물 관리 책임은 우리 손으로 넘어왔다.

많은 사람이 이런 신관을 배우며 자랐다. 예를 들어, 이제 열병에 걸렸을 때 목사에게 기도를 받으러 가는 것을 드릴로 두개골을 뚫는 것처럼 원시적인 관행이라 취급한다. 이제는 다들 약국이나 병원을 찾아간다. 우리는 미신적인 종교 행위(의식, 제사, 도덕)로 세상을 통제하려고 하지 말고 검증된 원칙과 공식, 자연법칙에 관한 지식으로 세상을 직접 통제하라고 배우며 자랐다. 과학은 하나님과 종교를 일상에서 몰아냈다. 하나님을 멀리서 관찰만 하는 설계자로 보는 시각은 주일에만 그분께 예배하고 월요일부터는 그분이 계시지 않는 것처럼 살아가는 사람이 그토록 많은 이유를 설명해 준다.

전 세계적으로 11퍼센트만이 '확실한 무신론자'다.
(나머지 89퍼센트는 '실질적 무신론자'일지도 모른다)

말씀을 대하는 태도

성경은 무엇인가? 한번은 어느 교회에서 이렇게 물었더니 에너지 넘치는 한 십 대 청소년이 손을 번쩍 들고 대답했다. "성경(B.I.B.L.E.)은 '이 세상을 떠나기 전의 삶을 위한 기본 지침'(Basic Instruction Before Leaving Earth)입니다." 그렇게 성경을 '인류를 위한 하나님의 참고서'쯤으로 묘사하는 말을 많이 들었다. 물론 나름대로 성경의 가치를 내세우고자 하는 말이겠지만 아이러니하게도 이런 말은 지극히 비성경적이다.

하나님을 세상의 설계자로만 보면 성경을 인생의 청사진으로만 보는 것이 당연하다. 종교적인 사람들은 하나님이 중력의 법칙, 열역학의 법칙, 수학의 법칙을 정하신 것처럼 리더십과 관계, 사업 같은 삶의 다른 영역들에 불변의 법칙을 정하셨다고 믿는다. 자연을 과학적으로 탐구해서 찾을 수 있는 하나님의 법칙이 있는가 하면 성경의 페이지 속에서

당신에게 성경은 무엇인가?

하나님과 나 자신, 세상을 보기 위한
창문인가

내 삶과 내 세상을 관리할 방법을 찾기 위한
지침서인가

 결과

하나님을 향한
갈망
=
관계

통제에 대한
갈망
=
종교

찾을 수 있는 법칙도 있다는 것이다.

이런 식으로 성경을 하나님이 주신 인생 지침서로만 보면 성경을 대하는 태도가 완전히 달라진다. 하나님을 알고 그분과 교제하기 위한 통로로써 성경책을 펴기보다는 세상을 통제하는 데 요긴하게 써먹을 '원칙들'을 찾는 일에 더 집중한다. 그러면서 하나님은 그만 선택사항쯤으로 밀려난다. 다시 말해, 일부 종교적인 사람들은 성경과의 관계가 곧 하나님과의 관계인 줄로 착각한다.

오해는 마라. 나는 성경을 매우 중요하게 여기며, 실제로 성경 안에는 우리 삶에 적용할 수 있는 중요한 진리들이 많이 포함되어 있다. 하지만 일부 종교적인 사람들은 성경을 비뚤어진 열정으로 바라본 나머지 그것을 하나님에 관해 알려 주는 이야기에서 단순히 인생살이에 유용한 원칙들의 집합으로 축소시키고 있다.

이것이 예수님 당시 종교 지도자들의 실수였다. 그들은 성경의 계명 하나하나를 완벽히 외우고 모든 원칙을 삶에 적용하려고 애썼다. 하지만 하나님의 말씀에 관한 그들의 지식은 바로 눈앞에 서 있는 하나님 자신을 알아보는 데 아무런 쓸모가 없었다. 도리어 그들은 그분을 거부하고 고문하고 끝내는 죽이고야 말았다.

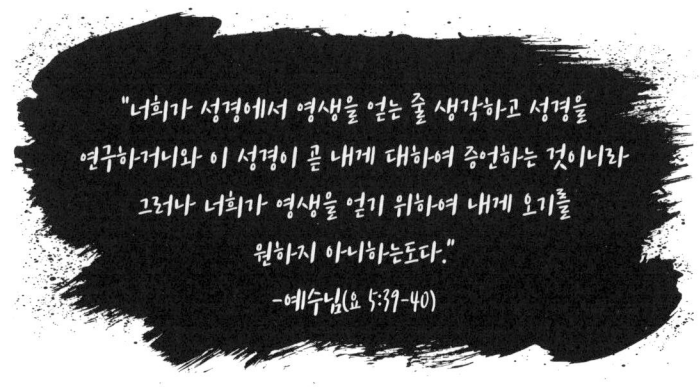

"너희가 성경에서 영생을 얻는 줄 생각하고 성경을 연구하거니와 이 성경이 곧 내게 대하여 증언하는 것이니라 그러나 너희가 영생을 얻기 위하여 내게 오기를 원하지 아니하는도다."
-예수님(요 5:39-40)

　　무신론자 및 이신론자들과 마찬가지로 종교적인 사람들도 자신의 삶을 직접 통제하기 위해 하나님을 한쪽으로 밀어 버리곤 한다. 그들은 신앙을 한낱 원칙들의 집합과 그 실천으로 축소시키고 있다. 이를테면 행복한 결혼생활을 위한 4단계, 아이를 성경적으로 키우는 법, 성공 리더십을 위한 예수님의 처방, 하나님 나라의 재정 관리 등으로 말이다. 하지만 이런 원칙을 알고 실천한다고 해서 그 삶에 반드시 하나님이 계신다고 말할 수는 없다.

이신론자 크리스천의 점검표 √

- [ ] 성경적 교육
- [ ] 성경적 윤리
- [ ] 성경적 정치
- [ ] 성경적 가족
- [ ] 성경을 가르치는 교회
- [ ] 성경 공부 소그룹
- [ ] **예수 그리스도 (선택사항)**

오늘날 많은 사람이 단순히 세상적인 삶의 원칙들을, 성경에서 찾아낸 새 원칙들로 바꾼 것을 신앙생활로 여기고 있다. 그들이 삶의 원칙들을 알려 주신 하나님께 감사할지는 몰라도 그들에게 하나님 자체는 방관하는 설계자에 불과하다. 그들의 삶에서 하나님 자체는 여전히 선택사항 정도로만 남아 있다.

과학이 발전하고 종교에서 미신적인 요소가 떨어져 나가고 있지만 이전 세대를 괴롭혔던 결핍과 추악함, 불의가 여전히 우리를 괴롭힌다. 그리고 그에 대한 반발로 종교를 아예 버린 곳에서는 세상이 더 악화되고 있다. 역사는 종교와 무종교 중에서 하나를 선택하는 것이 곧 총살이냐 교수형이냐의 차이에 불과함을 여실히 보여 주었다. 어떤 통제 시스템도 이 세상을 옭아맨 두려움과 위험의 굴레를 깨뜨릴 수 없다.

당신은 어떻게 삶을 직접 통제하고 있는가?
당신은 어떤 식으로 하나님을 '필요에 따른 선택사항'으로 취급하고 있는가?

○

Chapter 4

하나님은
'우리가 부리기 위해'
존재하는 분이 아니다

내 멋대로 믿는
소비주의의 함정

나를 똑 닮은 하나님을 만들어 내다

　　1804년 1월 20일 토머스 제퍼슨(Thomas Jefferson) 대통령은 필라델피아의 한 서점에서 성경책 두 권을 주문했다. 책이 도착하자 제퍼슨은 복음서들을 펴서 예수님에 관한 구절 가운데 마음에 들지 않는 구절을 면도칼로 일일이 오려 냈다. 기나긴 작업을 마치고 나자 원래 본문의 겨우 10퍼센트밖에 남지 않았다. 예수님의 기적과 동정녀 탄생, 희생적인 죽음, 부활에 관한 구절은 전부 백악관 바닥에 나뒹굴었다.

　　이렇게 싫은 부분을 제거한 뒤 제퍼슨은 자신의 민주주의와 철학에 맞는 예수님을 재탄생시켰다. 그렇게 완전 개조된 예수님은 제퍼슨을 그대로 닮아 있었다. 제퍼슨은 예수님의 가르침과 사역을 거의 다 거부해 놓고서도 뻔뻔하게 "나는 진정한 크리스천 …… 예수님의 교리를 따르는 제자다"라고 주장했다. 마치 풀을 먹인 소고기만 먹는다고 진정한 채식주의자라고 주장하는 꼴이다.

하지만 어디 제퍼슨만 그러한가? 우리도 늘 자신의 형상대로 하나님을 재창조한다. 시카고 지역 한 대학에서 강의하는 스캇 맥나이트(Scot McKnight) 교수는 매학기가 시작될 때마다 24가지 질문으로 예수님에 대한 학생들의 관점을 평가했다. 그리고 한참 학기가 진행된 뒤에 학생들 자신의 관점과 성격에 관한 24가지 질문을 던졌다. 그러고 나서 그 답들을 학기 초에 했던 질문들의 답과 비교해 보았다. 그랬더니 두 답이 놀라울 정도로 일치했다. 모든 학생이 예수님을 자신과 꼭 닮은 분으로 생각했던 것이다.

당신만큼은 그렇지 않다고 자신하는가? 당신은 그 정도로 자기중심적이지 않다고 생각하는가? 당신은 제퍼슨처럼 자신의 정치적 신념에 맞게 하나님을 오리고 붙이지 않는가? 맥나이트의 학생들처럼 하나님이 당신의 모든 사회관이나 도덕관에 동의할 것이라고는 생각하지 않는가? 그렇다면 당신의 의견 중 하나님이 확실히 반대할 것이라고 생각하는 의견을 딱 하나만 대 보라. 자, 1분의 시간을 주겠다.

시간이 더 필요한가? 곧바로 대답하지 못했다면 당신은

생각보다 더 자기중심적이다. 사실, 우리 모두가 그렇다. 앞서 말했듯이 종교가 매력적인 것은 우리에게 이 위험한 세상을 통제하는 것 같은 느낌을 제공하기 때문이다. 하지만 그 느낌은 하나님이 나처럼 보이고 행동하고 생각하고 판단할 때만 유지된다. 따라서 하나님이 나처럼 보이지 않으면 그분을 오리고 붙이는 개조 작업이 필요하다.

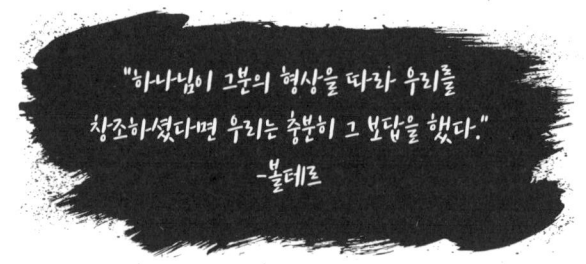

"하나님이 그분의 형상을 따라 우리를 창조하셨다면 우리는 충분히 그 보답을 했다."
-볼테르

우리가 그렇게 하는 것은 통제력을 잃을까 봐 두렵기 때문이다. 하나님이 나와 똑같다면 안심이 된다. 통제권이 여전히 내 손안에 있다. 세상과 그 세상을 통제하는 하나님을 내가 훤히 읽고 있고, 나 자신을 바꾸지 않아도 된다. 하지만 하나님이 나와 다르다면 심히 곤란하다. 그런 하나님은 내게 변화를 요구할지도 모른다. 대부분의 사람들은 이런 종류의 종교를 원하지 않는다.

하나님을 바라보는
우리의 관점

"내가 왕이다!"
소비주의 종교에 젖다

그렇다면 사람들은 어떤 종류의 종교를 원하는가? 노스캐롤라이나대학(University of North Carolina) 한 연구 팀이 십 대 아이들의 믿음을 조사한 결과 이 질문에 대한 답을 알아냈다. 연구 결과에 따르면, 오늘날 대부분의 청소년들은 하나님을 "신적 집사와 우주적 치료사의 조합"으로 보며, 하나님을 영화롭게 하거나 순종을 배우거나 남들을 섬기는 것이 아닌 자신의 행복에 주된 관심이 있다고 한다. 연구 팀은 십 대들이 이런 종교를 원하는 것은 바로 부모들이 이런 종교를 실천했기 때문이라는 결론을 내렸다.

현대인들은 자신이 원하는 것을 해 주고 자신의 문제를 해결해 주며 자신의 목표를 이루도록 도와주는 신을 원한다. 우리는 마치 개인 트레이너나 자판기를 이용하는 것처럼

소비주의 예배

하나님을 '이용하려고' 한다. 다시 말해, 우리는 다른 모든 것과 마찬가지로 종교도 소비자의 시선으로 바라본다.

소비주의 문화에는 내재 가치를 지니는 것이 하나도 없다. 대신 제품이나 사람, 종교의 가치는 효용성에 따라 결정된다. 자동차나 배우자, 신이 당신의 기대에 미치지 못하는가? 그렇다면 미련 없이 새 모델로 바꿔 치우라. 하다못해 개조라도 하라. 이런 소비주의적인 윤리가 통용되는 것은 우리 문화에서는 자신과 자신의 바람이 우주의 절대적인 중심이기 때문이다.

이것이 그토록 많은 종교가 하나님을, 인생을 변화시켜 줄 기적의 제품으로 선전하는 이유다. 이런 종교에서는 예배가 주로 감사나 헌신 행위가 아닌 소비 행위로 이루어진다. 사람들이 한자리에 모여 귀에 즐거운 음악을 소비하고 삶에 유익한 설교도 소비한다. 신도수가 감소하면 조직의 리더들은 재빨리 소비자들의 최신 동향을 파악해서 제품과 서비스를 개선한다.

이런 소비주의적인 종교에서는 종교 소비자들의 요구에 그 어떤 의문이나 이의도 제기하지 않는다. 요구가 옳거니 그르거니 하는 식으로 따지지 않는다. 단지 충족된 요구와

충족되지 않은 요구만 있을 뿐이다. 나아가 소비주의적인 종교에서 우리는 하나님을 섬기기 위해 존재하지 않는다. 오히려 하나님이 우리를 섬기기 위해 존재한다. 왜냐하면 소비자는 언제나 왕이니까.

"광고판. 당신이 지금껏 누구도 해본 적이 없는 일을 할 수 있다고 속이지. 당신이 지금껏 아무도 얻지 못한 것을 얻을 수 있다고 속이지. 하지만 상관없이 당신의 주변 세상은 평소처럼 돌아가고 있지."
-밥 딜런

종교적 소비자의 우주

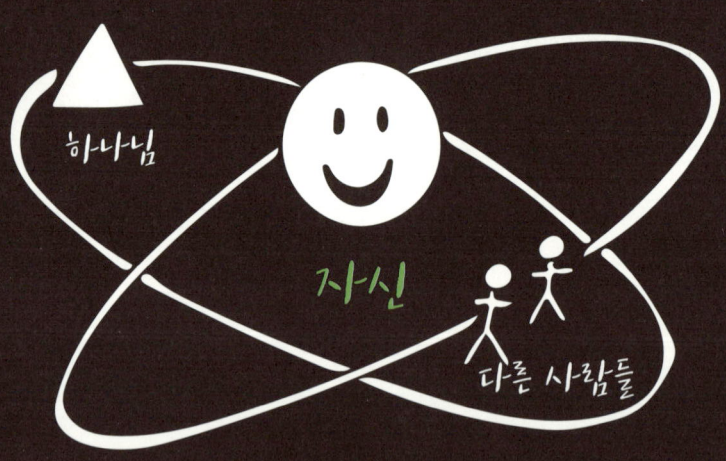

내 우상을 섬기는 데
하나님이 필요해!

　소비주의는 최근에 등장한 개념이지만 하나님이 이용 대상으로 존재한다는 관점은 종교 자체만큼이나 오래되었다. 한번은 예수님이 저녁 만찬 자리에서 이기적인 아들의 이야기를 예로 들어 이런 접근법의 문제점을 일깨워 주셨다(눅 15장). 이야기 속에서 아들은 아버지에게 유산을 '미리' 달라고 요구했다. 이 불효막심한 아들은 사실상 아버지에게 빨리 죽으라고 저주를 퍼부은 것이다. 그렇게 현금을 손에 쥔 아들은 아버지의 집을 떠나 먼 외국 땅에서 허랑방탕하여 그 재산을 탕진했다.

　이 이야기에서 아버지는 하나님을 상징하고 아들은 많은 사람이 그분과 어떤 관계를 맺고 있는지를 보여 준다. 이기적인 아들처럼 우리 대부분은 사실 하나님께 별로 관심이 없다. 오직 그분에게서 무엇을 얻어 낼지에만 관심이 있을 뿐이다. 우리는 하나님이 우리의 꿈과 바람을 이루도록 도와주시기를 기대한다. 그분은 한낱 도구일 뿐이다. 더 큰 목표를 이루기 위해 사용할 도구 말이다.

물론 술과 여자에만 눈이 멀었던 이야기 속의 탕자와 달리 개중에는 훨씬 더 고상한 목표를 세운 이들도 있다. 그렇다면 선한 목적을 위해서라면 하나님을 이용해도 될까? 그래도 하나님이 개의치 않으실까?

그렇게 간단하지가 않다. 우리의 바람은 문제가 아니다. 순서가 문제다. 뭔가를 하나님보다 더 바라면 설령 그것이 좋은 바람일지라도 두 가지 상황이 벌어진다. 첫째, 우리가 가장 원하는 것 즉 우리의 '궁극적 관심사'(1장의 내용이 기억나는가?)는 결국 우리의 신이 된다. 창조주가 아닌 다른

아버지

것이 우리 삶의 중심을 차지할 때 그것을 '우상'이라 부른다. 우상숭배라고 해서 거창하게 생각할 필요가 없다. 창조주가 아닌 창조된 것을 숭배하는 것은 다 우상숭배다.

둘째, 하나님이 우리의 우상을 섬기기를 바라게 된다. 탕자가 방탕한 삶의 자금을 마련하기 위해 아버지를 이용했던 것처럼 말이다. 하지만 우주의 창조주는 우상을 좇는 꿈에 기꺼이 부역하는 노예가 아니다. 예수님은 이렇게 말씀하셨다. "아버지나 어머니를 나보다 더 사랑하는 자는 내게 합당하지 아니하고 아들이나 딸을 나보다 더 사랑하는 자도 내게 합당하지 아니하며"(마 10:37). 이는 가족처럼 '좋은 것'을 '궁극적인 것'으로 삼으려는 우리의 악한 성향을 경계하신 말씀이다. 계속해서 예수님은 부(마 6:19-24), 안락(눅 9:58),

아들 → 목표

명예(마 6:1-4)의 우상화도 경고하셨다. 이 중에 나쁜 것은 하나도 없다. 오히려 하나같이 매우 좋은 것들이다. 하지만 이것들이 하나님보다 더 중요해져서는 안 된다.

하나님을 유용한 제품으로 소개하는 것은 소비주의 문화에서 종교가 사람들에게 다가가기 위한 손쉬운 방법이다. 그리고 하나님을 우리의 형상대로 재창조하면 우리가 그토록 갈망하는 통제력이 잠시나마 우리의 손에 들어온 것 같은 착각이 든다. 하지만 이런 접근법은 사실상 하나님이 아닌 우리 자신을 숭배하는 것에 불과하다.

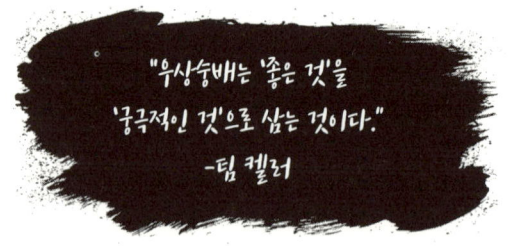

"우상숭배는 '좋은 것'을 '궁극적인 것'으로 삼는 것이다."
-팀 켈러

당신의 '꿈'을 이루기 위해 하나님을 어떻게 이용했는가? 종교 단체들이 신도들을 모으기 위해 이런 접근법을 사용하는 모습을 본 적이 있는가? 구체적으로 어떤 모습이었는가?

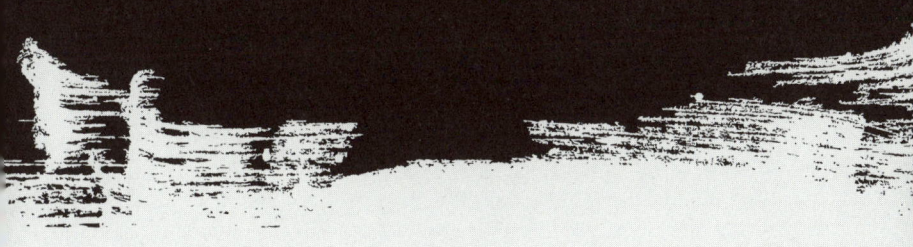

Chapter 5

우리도 '하나님께 이용되기 위해' 존재하는 것이 아니다

열심이 우상으로 변질된 사명주의

종교적 행동주의자의 우주

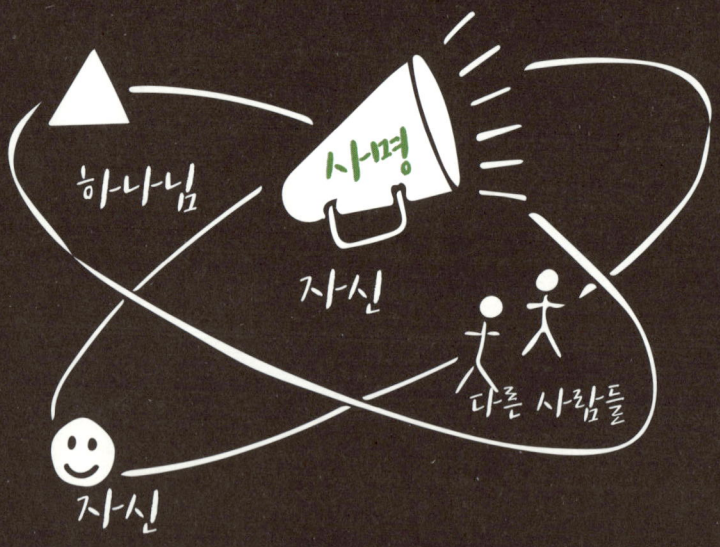

나 없이는 아무것도 할 수 없는 신?

우리는 왜 이 땅에 있는가? 고대 창조 신화들은 하나같이 인간을, 신들을 섬기기 위해 창조된 존재로 그린다. 옛 사람들은 제사로 신들에게 식사를 제공했고 신들의 거처로 신전을 건축했으며 이 땅의 신으로 추앙받는 왕을 위해 목숨을 바쳐 싸웠다. 인간은 신들의 종이었다.

하지만 고대 이스라엘의 창조 이야기는 이런 이방의 인간관을 완전히 뒤엎었다. 이스라엘의 하나님은 달랐다. 바벨론이나 그리스의 신들과 달리 먹여 주고 재워 주고 달래 줄 필요가 없었다. "내가 가령 주려도 네게 이르지 아니할 것은 세계와 거기에 충만한 것이 내 것임이로다"(시 50:12). 하나님은 인간이 지은 신전에 살지 않는다고 분명히 밝히셨다. 온 우주가 그분의 집이었다(사 66:1). 요컨대 이스라엘의 하나님은 사람들의 도움이 필요없다. 그래서 이스라엘의 창조 이야기에서 인간은 하나님의 종이 아니라 대리인이다. "하나님이 자기 형상 곧 하나님의 형상대로 사람을 창조하시되"(창 1:27). 이 말씀은 모든 사람의 존엄성을 높여 주었을 뿐 아니라 종교의 기반을 뒤흔들었다.

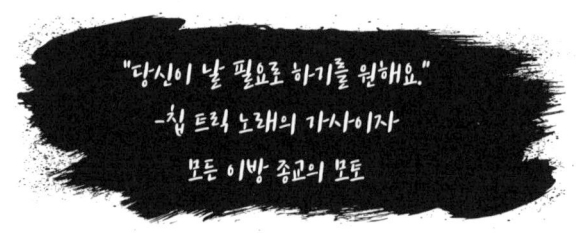

"당신이 날 필요로 하기를 원해요."
-칩 트릭 노래의 가사이자
모든 이방 종교의 모토

앞서 우리는 종교를 두려움에서 출발한 통제 시스템으로 정의했다. 하지만 아무것도 필요치 않은 하나님을 어떻게 통제한단 말인가. 그리고 하나님을 통제할 수 없다면 종교가 무슨 소용인가. 아마도 이것이 아직도 그토록 많은 사람이 이교도들의 방식을 선호하는 이유가 아닐까 싶다. 아직도 우리는 하나님이 우리가 의지할 만한 '종'이기를 바란다.

지난 장에서 우리는 하나님을 자기발전용 제품으로 사용하려는 우리의 소비주의적인 본능을 살펴보았다. 그런데 그와 정반대 시각도 똑같이 만연해 있다. 우리의 목표를 위해 하나님을 이용하지 말고 우리가 하나님의 목표를 위해 쓰임받아야 한다고 주장하는 목소리도 그에 못지않게 높다. 얼핏 옳은 말처럼 들린다. 아니, 더없이 독실하게 들린다. 솔직히 자신을 우주의 중심에 놓는 것은 지독한 교만이지 않은가. 진정한 종교라면 더 높은 소명을 위해 희생하고 헌신해야 마땅하지 않은가. 스포트라이트는 우리의 꿈이 아닌 하나님의 사명을 향해야 마땅하지 않은가.

사명이 정확히 무엇이냐를 두고 종교마다 의견이 다르지만 대체로 하나님이 시작해서 이제 그분의 종들이 인생의 최우선 과제로써 수행하는 위대한 역사를 지칭한다. 그런데 종교는 모든 사람을 이 사명과의 관계에서 본다. 사명에 목숨을 바친 사람들은 추앙을 받는 반면, 덜 거룩한 일에 한눈을 파는 사람들은 비판을 받거나 은근히 손가락질을 당한다.

많은 종교적인 사람들이 소비주의라는 우리 문화의 우상을 제거한다는 명목으로 '사명주의'라는 또 다른 우상을 끌어들였으니 아이러니가 아닐 수 없다. 결국 그들은 더 심한 이교도로 전락했다.

사명주의 (Missionalism)
1. 하나님이 시작하신 위대한 일을 이루느냐 못 이루느냐에 따라 인생의 가치가 결정된다는 믿음.
2. 일부 종교적인 사람들이 소비주의에 찌든 세상 문화에 대한 반발로서 행하는 우상숭배의 형태.

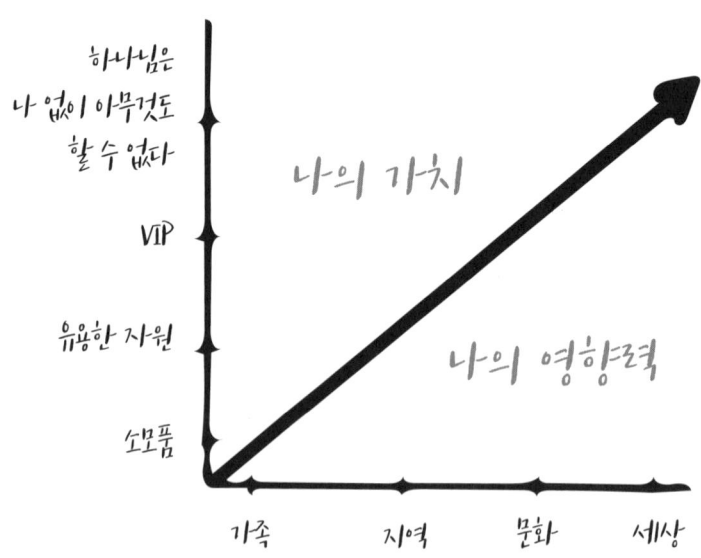

사명주의의 파괴적인 영향력

데이지 커터(Daisy Cutter)는 군대에서 사용하는 가장 큰 비핵폭탄의 별명이다. 베트남 전쟁 당시 미군이 정글에 헬리콥터 착륙 공간을 만들 요량으로 처음 사용했다. 현대군은 레이저 유도 스마트 폭탄을 보유하고 있음에도 이 구식 폭탄을 여전히 애용하고 있다. 이유는 간단하다. 7천 킬로그램에 육박하는 폭탄의 충격과 위용만큼 적을 공포에 떨게 만드는 것도 없기 때문이다. 데이지 커터의 핵심은 무시무시한 파괴력이다.

하나님의 사명을 우상으로 변질시킨 종교들도 파괴력을 중시한다. 나는 이것을 데이지 커터 교리라 부른다. 요즘 종교적인 사람들 외에도 수많은 청년들에게서 이런 믿음을 엿볼 수 있다. 우리 청년들을 현혹시키는 사회적 행동주의의 유혹을 경고하는 책들이 많이 나와 있다. 물론 세상에 만연한 불의를 끝내겠다는 순수한 열정으로 일어선 청년도 많다. 하지만 과연 사회적 행동의 현장에 그런 순수한 동기만 있을까?

세상은 매일같이 젊은이들에게 "세상을 변화시키라!"라는 메시지를 퍼붓는다. 아예 이 제목을 달고 출간된 책이 최근 기하급수적으로 늘어났다. 하지만 그 빛 반대편에서는 서른이 넘도록 세상에 두각을 나타내지 못한 수많은 청년들이 패배감에 떨고 있다.

브래드 부시맨(Brad Bushman) 박사의 연구 팀은 대학생들이 섹스나 술, 돈보다 자존감이 높아질 때 더 큰 기쁨을 느낀다는 사실을 밝혀냈다. "예상 외로 자존감에 대한 욕구가 그 어떤 즐거운 활동에 대한 욕구보다도 높다." 부시맨은 그렇게 결론을 내렸다.

우리는 중요한 존재이기를 원한다. 종교는 인간의 이런 욕구를 공략하여, 하나님을 위해 더 열심히 일하면 내면의 열등감과 허무함을 극복할 수 있다고 말한다. 때로는 그 메시지가 세속적인 일에 '시간을 낭비하지 말고' 영원한 의미가 있는 하나님의 사명에 집중하는 식으로 나타난다.

몇 년 전 한 대학교 강당에서 이런 요지의 설교를 들은 적이 있다. "내가 유일하게 두려워하는 것은 하찮은 삶을 사는 것이다."

그 설교자는 큰 삶을, 하나님을 위해 세상에 막대한 영향을 미치는 삶으로 정의했다.

꽝!

그렇게 또다시 데이지 커터가 폭발했고, 세상을 변화시켜야 한다는 부담감에 2만 명의 젊은이들이 쓰러졌다.

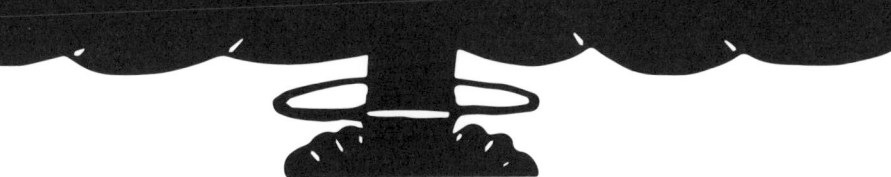

남도 속이고 자신도 속으나
아버지는 아신다

　하지만 하나님을 위해 세상을 바꾸려는 것이 뭐가 잘못인가? 물론 잘못이라고 할 것은 없다. 단 하나님의 사명에 리얼리티 TV 프로그램이나 크리스마스 캐럴 앨범 제작과 같은 요소가 반드시 들어가야 한다고 생각해서는 곤란하다(이런 것들은 이미 넘쳐난다). 세상은 '실제로' 변화를 필요로 한다. 문제는 하나님이 우리를 필요로 하시거나 우리의 가치가 효용에 달려 있다는 이교도적인 사고에 빠지는 것이다.

지난 장에서 우리는 아버지의 재산을 허랑방탕하게 탕진한 이기적인 아들의 이야기를 살펴보았다. 이 아들은 하나님이 우리의 목적에 사용되기 위해 존재한다는 종교적 소비주의를 상징한다. 그런데 이야기는 여기서 끝나지 않는다. 아직 나머지 절반의 이야기가 남아 있다. 예수님의 이야기에는 또 다른 아들이 등장한다. 그런데 그는 동생과 전혀 다른 인물이다. 적어도 표면적으로는 그렇다. 형은 동생과 달리 순종적이고 믿음직하다. 어느 모로 보나 '착한 아들'이다. 하지만 알다시피 외모만 보면 속기 십상이다.

반항아가 집으로 돌아오자 아버지는 잔치를 연다. 이에 큰아들은 볼멘소리를 한다. "아버지, 저는 이제껏 아버지를 섬겼습니다. 아버지가 시키는 대로 군말 없이 다했습니다. 그런 저한테는 한 번도 잔치를 열어 주시지 않더니 도박과 창기한테 아버지의 재산을 탕진한 녀석한테는 성대한 잔치를 여시다니요! 이게 말이나 됩니까?"

솔직히 나라도 똑같이 따졌을 것 같다. 하지만 이 아들은 예수님 이야기에서 이상적 등장인물이 아니다. 오히려 예수님은 이 '착한 아들'을 '못된 아들'보다 더 엇나간 탕자로 제시하신다.

큰아들은 우리가 하나님께 쓰임받기 위해 존재한다는 종교적 행동주의를 상징한다. 큰아들이 어디에서 자신의 가치를 찾는지 보라. 그는 아버지를 '위해서' 살았고, 그런 섬김에 맞는 보상을 기대했다.

행동주의

두 아들의 궁극적인 동기를 보면 실제로는 둘이 얼마나 똑 닮았는지 알 수 있다. 둘 다 아버지와의 관계에는 눈꼽만큼도 관심이 없다. 오로지 아버지에게서 받을 것에만 눈독을 들이고 있다. 작은아들은 원하는 것을 그냥 받았고 큰아들은 그것을 받기 위해 노력했다는 차이만 있을 뿐이다. 마찬가지로 종교적 소비주의와 행동주의는 전혀 다르게 보이지만 가만히 속을 들여다보면 그야말로 이란성 쌍둥이다. 둘 다 하나님이 아닌 다른 것에 궁극적인 가치를 두는 우상숭배다.

작은아들

소비주의

예수님이 두 아들의 이야기를 종교 지도자들과의 저녁 식사 자리에서 하셨다는 사실이 흥미롭다. 하나님의 명령에 절대적으로 순종하고 그분의 사명에 일생을 바쳤던 자들. 그 식사 자리에는 큰아들로 가득했다. 예수님이 큰아들의 섬김을 폄하하거나 작은아들의 악행을 두둔하신 것일까? 물론 아니다. 다만 이 이야기는 종교적 소비자들을 종교적 행동가들로 바꿔야 한다고 생각하는 사람들을 향한 경고 메시지다. 많은 교회들이 그런 그릇된 사고에 빠져 있다.

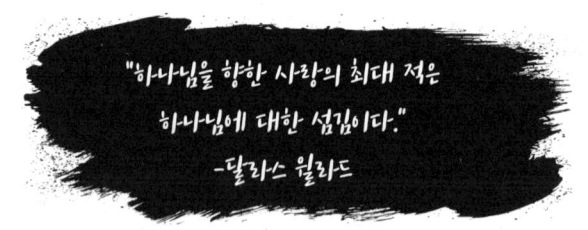

"하나님을 향한 사랑의 최대 적은
하나님에 대한 섬김이다."
-달라스 윌라드

이 이야기를 통해 예수님은 너무도 많은 이들이 놓치고 있는 사실을 짚어 주신다. 바로 하나님이 가장 눈여겨보시는 것은 우리의 순종이나 불순종이 아니라, 우리 자신이라는 사실이다.

 세상에 미치는 영향력에서 자신의 가치를 찾아왔는가? 구체적으로 말해 보라. 당신이 다니는 교회에서는 어떤 식으로 그런 메시지를 제시하는가?

Part 2.

살아 있는
복음을
입다

**예수와 살면,
반드시 일상이
개혁된다**

Chapter 6

'함께 살자'
날마다 초대하신다

같이 살고 싶어서 오신
예 수

하나님은 삼위일체의
영원한 관계 속에 존재하신다.

우주의 기초, 물질이 아니라 '관계'다

 엇나간 아들들의 이야기는 끝에 가서야 아버지의 행동을 해명해 준다. 아버지는 왜 작은아들에게 버선발로 달려가 그를 안았을까? 왜 집 나갔던 망나니를 위해 잔치를 열었을까? 왜 큰아들에게는 수년간의 섬김에 맞는 상을 주지 않았을까? 이 모든 의문은 씩씩거리는 아들을 향한 아버지의 마지막 말에서 한꺼번에 해소된다. "얘 너는 항상 나와 함께 있으니 내 것이 다 네 것이로되 이 네 동생은 죽었다가 살아났으며 내가 잃었다가 얻었기로 우리가 즐거워하고 기뻐하는 것이 마땅하다"(눅 15:31-32).

 자, 답을 발견했는가? 이야기 전체의 의미는 바로 한 단어에 함축되어 있다. 바로 "함께"다. 두 아들은 돈이나 쾌락, 명예, 보상에 눈이 멀어 있었지만 아버지는 오로지 '아들들과 함께' 살 생각뿐이었다. 이것이 아버지가 막내에게 한걸음에 달려가 으스러지게 안고 성대한 잔치를 연 이유다. 작은아들의 지난 행동 따위는 중요하지 않았다. 그저 다시 아들과 산다는 것이 기쁠 뿐이었다. 큰아들도 마찬가지였다. 아버지에게 가장 중요한 것은 큰아들의 충성스러운 섬김이 아니었다. 단지 아들이 곁에 있다는 사실이 중요했다. "너는 항상 나와 함께 있으니."

이것이 예수님 이야기의 전환점이자 이 책의 전환점이다.

지난 다섯 장에 걸쳐 우리는 "종교, 무엇이 문제인가?"라고 물었다. 우리의 두려움을 없애 준다는 장밋빛 약속을 내건 종교가 오히려 세상을 더 위험한 곳으로 만드는 이유를 살펴보았다. 모든 사람이 종교적이고 뭐든 신이 될 수 있기 때문에 종교에서 벗어나는 것이 불가능하다는 점도 살펴보았다. 우리의 꿈을 위해 하나님을 이용하는 것이 영적 가면을 쓴 소비주의에 불과하다는 이야기도 했다. 하나님을 위해 '세상을 바꾸겠다는' 열정이 어떻게 이교도적인 공리주의로 전락할 수 있는지도 확인했다.

이런 종교적 접근법으로는 이 세상과 우리의 삶을 옭아맨 위험과 두려움, 통제의 악순환에서 영원히 탈출할 수 없다.

결정적인 이유는 바로 하나님을 잘못 이해하고 있다는 것이다. 이것이 그토록 많은 사람들이 예수님의 메시지를 충격으로 받아들이는 이유다. 예수님은 겹겹이 쌓인 종교의 껍데기를 끝까지 벗겨 내면, 시간이 존재하기 이전, 오직 하나님밖에 아무것도 없던 때로 돌아가면, 사명이니 우리의 꿈이니 하는 것들은 하나도 볼 수 없다고 선포하셨다. 그때는 오직 '사랑'밖에 없었다.

하지만 이것이 어떻게 가능한가? 사랑이 가능하려면 사랑하는 사람과 사랑을 받는 사람이 있어야 하지 않는가. 쉽게 말해 손바닥이 마주쳐야 소리가 나지 않는가. 그로 인해 하나님이 외로워서 인간을 창조하셨다는 잘못된 주장이 나타나기도 했다. 하나님이 사람이 필요해서 창조하셨다는 것이다. 하지만 지난 장에서 살펴보았듯이 하나님은 그 누구도 그 무엇도 필요로 하시지 않는다. 예수님은 하나님에 관한 완전히 새로운 시각을 제시하셨다. 이 진리를 알고 나면 하나님께 다가가는 접근법이 근본적으로 바뀔 수밖에 없다. 예수님에 따르면 하나님은 그 자체로 완벽한 사랑의 공동체이시다.

신약은 하나님을 삼위일체로 묘사한다. 하나님은 한 분이신 '동시에' 영원히 세 위(성부와 성자, 성령)로 존재하신다. 이것은 인간의 논리를 초월한 패러독스이며 이 작은 책에 다 담아낼 수 없는 광대한 미스터리다. 하지만 하나님에 관한 예수님의 메시지가 왜 그렇게 놀라운지를 제대로 느끼려면 삼위일체에 관한 기본적인 이해가 필요하다.

로버트 파라 카폰(Robert Farrar Capon)은 삼위일체를, 한 분의 하나님이신 삼위께서 우리가 상상할 수도 없는 수준의 기쁨과 사랑, 연합을 함께 누리는 영원한 잔치로 묘사했다. 창조는 이 잔치가 밖으로 흘러넘친 결과였다. 하나님의 사랑이 삼위일체의 울타리 너머까지 흘러넘친 결과, 별과 행성, 인간이 창조되었다. 삼위일체설은 우주의 기초가 '물질'이 아닌 '관계'라는 뜻이다.

제자들을 위한 예수님의 기도는 바로 이런 개념에 근거한 것이었다. "아버지여, 아버지께서 내 안에, 내가 아버지 안에 있는 것같이 그들도 다 하나가 되어 우리 안에 있게 하사"(요 17:21). 큰아들을 잔치로 초대한 비유 속의 아버지처럼 예수님도 삼위일체께서 창세전부터 마련하신 잔치로 우리를 초대하신다. 예수님은 우리가 성부와 성자, 성령의 사랑의 관계에 동참하기를 원하신다. 하나님은 그 무엇보다도 우리와 '함께' 살기를 원하신다.

> "하나님은 사랑받기 위해 세상을 창조하신 것이 아니다. 오히려 영원히 완벽한 관계와 기쁨을 나누며 사시는 성부와 성자, 성령 안에 항상 존재했던 완벽한 사랑이 밖으로 흘러넘쳐 세상이 창조된 것이다."
> -케빈 드영

하나님이 목표가 아니라 '수단'이 될 때

"이것은 핀이 아니다!"

나는 이 핀을 노트북 가방에 달고 다녔다(그러다 결국엔 덴버 공항 소지품 검사대에서 잃어버렸지만). 글로 먹고 사는 글쟁이인지라 늘 이 핀을 보며 전부 대문자로 써서 느낌표까지 붙여 선언한다고 해서 그대로 이루어지는 것은 아니라는 사실을 기억하려고 노력했다. 종교적인 사람들과 어울리다 보면 오래지 않아 '하나님과의 개인적인 관계' 이야기를 듣게 된다. 하나님과의 개인적인 관계라니 정말 멋진 일이다. 그런데 하나님과 관계를 맺고 있다고 말한다고 해서 반드시 실제로 그런 관계를 맺고 있는 것은 아니다.

예를 들어, 하나님과의 관계가 입학 조건인 대학교가 꽤 많다. 하지만 그곳 학생들에게 하나님과 어떤 관계를 맺고 있냐고 물어보면 멍한 표정으로 답이 돌아오기 일쑤다. 그런가 하면 어떤 학생들은 하나님에 '관한' 지식을 내세운다. 이를테면 어줍지 않은 신학이나 찬송가 가사의 일부를 언급한다. 실제로는 한 번도 못 만나고 그저 벽에 걸린 사진으로만 본 그룹 회장처럼 하나님을 묘사하는 이들도 있다. 그들은 하나님을 존경하고 심지어 예배에 꽤 열정을 보이기도 하지만 하나님과 개인적인 관계를 맺고 있다는 증거는 전혀 찾아볼 수 없다.

가식에 진저리가 나서 종교를 아예 떠나려는 학생들이 점점 늘어나고 있다. 그 학생들은 대개 어릴 적부터 배워서 종교적으로 '보이는' 법을 잘 알고 있다. 하지만 하나님께 진정으로 연결된 기분을 느껴 본 적은 단 한 번도 없다. 그래서 이제 이 무의미한 놀이를 그만두려고 한다.

이 학생들을 탓할 수는 없다. 말끝마다 '하나님과의 관계'를 운운하는 종교적인 집안에서 자라고 학교에서도 같은 교육을 받았지만 하나님에 관한 숨 막히도록 아름다운 비전은 단 한 번도 제시받은 적이 없으니 그분을 알려는 진정한 욕구가 생길 리가 없다. 내 편이 기억나는가? 뭔가를 말한다고 해서, 심지어 계속해서 말한다고 해서 그대로 이루어지는 것은 아니다. 종교는 말로는 하나님과의 관계를 이야기하지만 대부분의 젊은이들이 실제로 듣는 메시지는 하나님을 사랑하기보다는 이용하라는 것이다.

하나님을 (사랑하기보다는) 이용하라는 메시지

A. 당신은 죄로 인해 영원한 지옥에 떨어질 운명이다.

B. 하나님은 아들 예수 그리스도를 당신 대신 십자가에서 죽도록 보내심으로써 당신을 위한 대가를 치르셨다.

C. 예수 그리스도를 믿으면 죄를 용서받고 영원히 천국에서 살게 된다.

어떤가? 귀에 익은 소리인가? 이 메시지는 교단마다 다른 형태로 나타난다. 불과 유황을 외치는 구닥다리 설교자들은 A 내용을 강조한다. 상담을 추구하는 목회자들은 A 내용을 경시하거나 완전히 무시하고 오로지 B와 C 내용에만 초점을 맞춘다. 이 메시지를 어떻게 제시하든 그 궁극적인 목표가 하나님과의 관계가 '아니라는' 점을 간파해야 한다. 하나님은 진짜 목표를 이루기 위한 '수단'에 불과하다.

진짜 목표는 어디까지나 지옥에 가지 않고 천국에 가는 것이다. 이것이 세상의 종말을 그린 종교 영화가 때마다 등장하고 천국에서 돌아왔다고 주장하는 사람들의 책이 베스트셀러가 되는 이유다. 하지만 천국과 지옥만을 바라보는 사람들은 예수님의 메시지를 놓치고 있는 것이다.

물론 예수님은 "세상 죄를 지고"(요 1:29) "자기 목숨을 많은 사람의 대속물로 주려"(마 10:45) 이 땅에 오셨다. 하지만 우리를 위해 예수님이 하신 희생의 궁극적인 목표는 우리를 천국에 데려가는 것이 아니다. 그분의 목표는 우리를 '하나님과' 화해시키는 것이었다. 천국에 가는 것은 그곳에 계신 하늘 아버지와의 연합에 따르는 보너스일 뿐이다. 따라서 천국 자체를 목표로 삼으면 완전히 헛다리 짚은 셈이다. 존 파이퍼(John Piper)는 이 점을 분명히 지적했다. "천국에 그리스도께서 계시지 않아도 행복해할 사람들은 그곳에 가지 못할 것이다."

하나님이 계시지 않은 천국은 천국이 아니다. 예수님은 천국이 아닌 하나님을 갈망하라고 말씀하셨다. 그래서 그분이 주신 가장 큰 계명은 "네 마음을 다하고 목숨을 다하고 뜻을 다하고 힘을 다하여 주 너의 하나님을 사랑하라"이다(막 12:30). 하지만 알지도 못하는 분을 어떻게 사랑할 수 있는가? 보지도 못한 분을 어떻게 갈망할 수 있는가?

우리 앞에 놓인 보배

십 대 때 운전면허를 따자마자 새빨간 스포츠카에 마음을 홀딱 빼앗겼다. 문 두 짝에 4기통과 합금 휠, 리어스포일러를 단 매력적인 녀석이었다. 자나 깨나 녀석의 고운 자태가 눈에 어른거렸다. 녀석의 사진이 실린 자동차 잡지란 잡지는 죄다 수집했다. 나는 그 빨간 스포츠카를 흠모했다.

하지만 흠모하는 것만으로는 부족했다. 그것을 손에 넣어야만 했다. 그러기 위해서는 세 가지 방법이 있었다. 내 힘으로 사든가 누군가가 대신 사 주든가 훔치든가. 1년간 최저임금을 받고 일하다 보니 마지막 선택사항이 점점 매력적으로 다가오기 시작했다. 다행히 범죄를 저지를 필요는 없어졌다. 나를 끔찍이 아끼시는 부모님이 내 힘으로 살 수 없는 차를 사 주셨다.

좀 서툰 비유이긴 하지만 그 스포츠카와 함께하는 삶을 향한 나의 추구는 하나님과 함께하는 삶의 세 가지 필수적인 요소를 예시로 보여 준다.

왜 굳이 예수님은 30년 동안 시골 벽촌에서 목수 일을 하셨을까? 왜 나병환자들과 패자들의 무리와 어울리셨을까? 그 모든 기적과 비유의 목적은 무엇이었을까? 성경은 예수님이 단순히 우리를 위해 돌아가시기 위해서가 아니라 무엇보다도 우리와 함께 거하기 위해 오셨다고 말한다(요 1:14). 예수님의 십자가 이전 삶에는 분명한 목적이 있었다. 예수님은 우리에게 보여 주실 것이 있었다. 제자들이 하나님을 보여 달라고 하자 예수님은 "나를 본 자는 아버지를 보았거늘"이라고 말씀하셨다(요 14:9). 예수님은 "보이지 아니하는 하나님의 형상이시요 …… 아버지께서는 모든 충만으로 예수 안에 거하게 하시고"(골 1:15, 19).

요컨대 예수님은 하나님이 어떤 분이신지 보여 주기 위해 오셨다. 그분의 탄생과 죽음 사이에 있었던 모든 일에는 우리가 하나님을 두려워하기보다는 흠모할 수 있도록 그분을 분명하게 보여 주려는 목적이 있었다.

내 스포츠카의 경우와 마찬가지로 하나님과 함께하는

삶을 원한다면 흠모하는 것만으로는 부족하다. 이것이 십자가가 그토록 중요한 이유다. 예수님은 우리가 하나님께 다가가지 못하도록 방해하는 죄를 없애기 위해 십자가 위에서 스스로 그 모든 죄를 짊어지셨다. 그분의 죽음은 우리에게 하나님과 함께할 수 있는 길을 열어 주었다. 세상 그 무엇보다도 하나님을 바라는 사람들에게 십자가는 상상할 수 있는 최고의 소식이다. 십자가 덕분에 우리는 절대 스스로 얻을 수 없는 것을 거저 받았다.

하지만 하나님을 진정으로 원하지 않는 자들, 그분의 아름다움이나 권능, 선하심을 볼 마음이 없는 자들에게 십자가는 무용지물을 넘어 어리석은 것에 불과하다. 그들은 마치 수억을 호가하는 외제 스포츠카의 열쇠를 받고도 버스를 타겠다며 열쇠를 버리는 자들과도 같다. 보배를 기쁘게 받으려면 먼저 우리 앞에 놓인 보배를 알아보고 흠모해야만 한다.

나는 부모님이 사 주신 그 빨간 스포츠카를 차고에서 썩혀 두지 않았다. 나는 그 차를 몰고 도로로 나가 신나게 달렸다. 나는 그 차와 함께하는 삶을 경험했다. 액셀을 끝까지 밟고 바람에 흩날리는 머리카락을 느끼며 최고의 기분을 즐겼다.

안타깝게도 많은 사람들이 예수님을 흠모하다가, 얻고 나면 그다음부터는 예수님을 향한 추구를 멈춘다. 그들은 최소한 이생에서는 그 이상의 뭔가가 없다고 생각한다. 그렇지 않다. 한 가지 중요한 요소가 남아 있다. 자, 안전벨트를 단단히 매라.

언제 하나님에 대한 분명한 시각을 갖고 있었는가?
지금 당신의 삶에서 무엇이 하나님의 선하심을
보지 못하도록 막고 있는가?

Chapter 7

진정한 '래디컬' 삶을 살라

종 교 가 아 니 라 예 수 로 사 는
래 디 컬 한 삶

'뿌리'가 바뀌는 것이다

"래디컬해지려면 어떻게 해야 하죠?"

니콜(Nicole)은 하나님을 위한 '래디컬한' 삶에 관한 베스트셀러를 읽고 내게 그렇게 물었다. 그녀는 부촌에서 '평범한' 삶을 사는 것에 죄책감이 느껴지기도 하고, 그런 삶에서 벗어나라는 교회 리더들의 압박이 끊이질 않아 견딜 수가 없다고 고백했다.

니콜이 속한 교단은 래디컬한 삶을 외적으로 정의한다. 이 교단은 사람의 가치가 래디컬함에 따라 결정되고 그의 래디컬함은 그의 외적 상황에 따라 결정된다고 말한다. 이 교단이 말하는 래디컬한 삶은, 수단 난민들에게 예방접종을 하기 위해 마케팅 회사에 사표를 던지는 것이다. 래디컬한 삶은 생업을 내던지고 길거리 전도자로 나서는 것이다. 초등학교 3학년 학생들에게 수학을 가르치는 것은 전혀 래디컬한 삶이 아니다.

여기저기서 래디컬한 삶을 촉구하는 목소리가 높다 보니 많은 사람이 극단주의자들에게만 진정으로 복된 삶이 가능하다고 생각한다. 종교적인 사람들은 니콜처럼 평범하게 사는 사람들이 거룩함의 계급 체계에서 아주 낮은 위치에 있다고 말한다. 평범한 삶이 불경건한 것까지는 아니지만 분명 하나님께 전부를 건 삶은 아니라는 것이다.

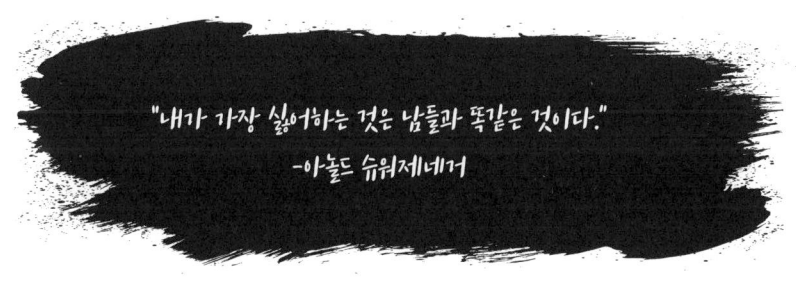

"내가 가장 싫어하는 것은 남들과 똑같은 것이다."
-아놀드 슈워제네거

2천 년 전, 헬라 도시 고린도의 교인들도 그런 관념을 품고 있었다. 그들은 바울에게 편지를 써서 하나님을 더 온전히 경험하기 위해 자신들의 평범한 환경을 어떻게 바꾸면 좋을지 물었다. 이에 내놓은 바울의 답변은 예나 지금이나 뜻밖이다.

바울은 복된 삶의 기준이 외적 환경에 있다는 개념을

철저히 거부했다. 그의 답변은 현재의 자리를 그대로 지키라는
것이었다. 그는 외적 환경을 바꾼다고 해서 하나님과의 관계가
바뀌는 것이 아니라고 설명했다. 외적 환경을 바꾼다고 해서
하나님을 더 온전히 경험할 수 있는 것이 아니다(고전 7:17-24).
바울에 따르면, "하나님과 함께" 거하는 삶이라면 어디에 있든
래디컬한 삶이다.

> radical (래디컬)
> : 뿌리의, 뿌리와 관련된, 뿌리에서 나온.
> 어원 - 라틴어 라디칼리스(radicalis) : 뿌리를 갖고 있는.

'래디컬'이라는 단어는 '뿌리', 곧 식물 전체에 영양분을
공급하는 '보이지 않는' 부분을 의미한다. 따라서 진정으로
래디컬한 삶은 사람의 가시적인 환경으로 결정되지 않는다.
래디컬한 삶은 하나님과의 관계라는 좀처럼 보이지 않는 깊은
뿌리에서 힘과 능력을 끌어올리는 삶이다. 이는 교외에 사는
평범한 주부가 세상을 변화시키는 일에 앞장선 유명한 종교

운동가보다 더 래디컬한 삶을 살 수도 있다는 뜻이다.

　이것이 예수님의 메시지에서 세 번째이자 가장 자주 무시당하는 부분이다. 예수님의 삶을 통해 하나님을 흠모하게 되고 예수님의 십자가 죽음을 통해 하나님을 얻은 뒤에는 예수님의 부활의 능력을 통해 현재 있는 자리에서 그분과 함께 거하는 삶으로 초대를 받는다.

　예수님은 무덤에서 일어나 악과 죽음의 권세를 무찌른 뒤에 그분의 백성 안에 거할 성령을 보내 주셨다(행 2장). 성령은 우리를 인도하고 위로해 주시는 하나님의 임재다. 이제 하나님은 성전이나 높은 산, 난민 캠프가 아닌 우리 안에 거하시기 때문에 우리의 환경을 바꾼다고 해서 그분을 더 경험하거나 덜 경험하게 되는 것이 전혀 아니다. 이것이 바울이 우리에게 현재 자리에 머물라고 권면한 이유다.

의사소통을 넘어서는 기도

니콜라스(Nicholas)는 열여섯 살에 예수님을 통해 하나님의 능력과 사랑을 보았다. 책에 따르면 "그는 너무도 깊은 감동을 받았고, 그 감동이 그의 안에서 하나님을 향한 크고 강한 사랑의 불을 일으켰다." 그래서 그 불은 너무도 거세게 타올라 평생 꺼지지 않았다. 몇 년 뒤 니콜라스는 로렌스 형제(Brother Lwarence)로 알려졌고 남은 생을 주방에서 일하며 보냈다. 보다시피 딱히 세상이 래디컬하다고 평할 만한 삶은 아니다.

하지만 400년이 지난 지금도 세상은 로렌스 형제를 하나님과 깊고도 즐거운 교제를 나눈 사람으로 기억한다. 바울처럼 그는 삶의 모든 것이 신성하다고 믿었다. 그런 태도로 그는 자신의 주방 안에서 깊은 기도의 삶을 연마했다. 그에게는 음식을 만드는 것이 예배당에서 예배하는 것과 조금도 다르지 않았다. 그는 환경을 바꿔야 하나님께 더 가까이 다가갈 수 있다는 생각은 '엄청난 착각'이라고 말했다.

> "사람들은 하나님의 사랑에 이를 수 있는 수단과 방법을 고안한다.
> 그리고 그 사랑을 늘 기억하기 위한 규칙을 배우고 도구를 만들어 낸다.
> 내겐 정말 고달픈 세상처럼 보인다. …… 하지만 아주 간단할 수도 있다.
> 그냥 일상에서 모든 일을 할 때마다
> 하나님을 사랑하는 마음으로 하는 것이다. 쉽지 않은가?"
> — 로렌스 형제

바울이 현재 하나님과 있는 자리에 머물러 "쉬지 말고 기도하라"(살전 5:17)라고 말할 때 바로 이런 삶을 염두에 두고 말한 것이다. 이런 삶이 불가능하거나 피곤해 보인다면 필시 그것은 기도를 하나님께 말하는 것이라 생각한 탓이다. 어떤 교단들은 하나님도 우리에게 말씀하신다고 믿는다. 어떤 경우든 기도를 의사소통으로만 보는 것이다.

예수님은 기도를 그 이상으로 보셨다. 예수님은 하나님과 대화할 때만이 아니라 치유하고 가르치고 섬기는 순간에도

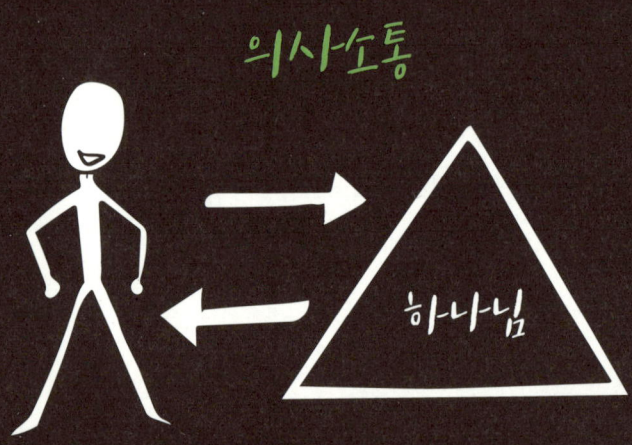

아버지와의 연합을 경험하셨다. 아예 예수님은 아버지와 함께 '거하는 것'이라는 표현까지 사용하셨다. "내가 너희에게 이르는 말은 스스로 하는 것이 아니라 아버지께서 내 안에 계셔서 그의 일을 하시는 것이라 내가 아버지 안에 거하고 아버지께서 내 안에 계심을 믿으라"(요 14:10-11).

예수님은 아버지와 의사소통만 하신 것이 아니라, 그분과 끊임없이 교제하며 일생을 사셨다. 이것이 로렌스 형제가 솥단지와 프라이팬 더미 속에서 열심히 일하면서 실천했던 기도의 삶이다. 로렌스 형제는 이렇게 하나님과 끊임없이 교제하는 삶이 너무 "달콤하고 즐거워서" "오직 그것을 실천하고 연습하는 사람만 이해할 수 있다"라고 말했다.

> 기도의 핵심은 기도가 아니다. 기도의 핵심은 하나님이시다.
> -아브라함 J. 헤셸

인도 콜카타에서 가난한 사람들을 돌보았던 겸손한 수녀 마더 테레사(Mother Teresa)도 그런 사람 중 한 명이었다. 1980년대에 CBS 뉴스 앵커 댄 래더(Dan Rather)는 그녀를 인터뷰하면서 이렇게 물었다.

"기도할 때 하나님께 뭐라고 하시나요?"

그러자 아무도 예상치 못한 대답이 돌아왔다.

"아무 말도 하지 않고 그냥 듣습니다."

댄 래더는 재빨리 질문의 방향을 바꾸었다.

"그러면 하나님은 뭐라고 말씀하시나요?"

"하나님도 아무런 말씀 없이 듣기만 하십니다."

멍한 표정을 짓는 래더에게 마더 테레사는 이렇게 덧붙였다. "이해하지 못하시는 듯한데 그래도 설명해 드릴 길이 없네요."

쉬지 않고 기도하면, 지금 있는 자리에서 하나님과의 교제에 깊이 뿌리를 내리면, 당신의 평범한 삶이 어떻게 달라질지 상상해 보라. 환경이 바뀌지는 않을지 모르지만 하나님의 임재와 사랑을 전에 없이 분명히 느끼게 되어 환경을 바라보는 '눈'이 달라질 것이다.

당신이 생각하는 기도란 무엇인가?
당신에게 기도는 고역인가? 아니면 기쁨인가?
고역이라면 어떻게 해야 기도를 지금과 다르게 경험할 수 있을까?

Chapter 8

하나님 손안에서 당신은 완전하게 안전하다

종교의 악순환을 끊는
믿음, 소망, 사랑

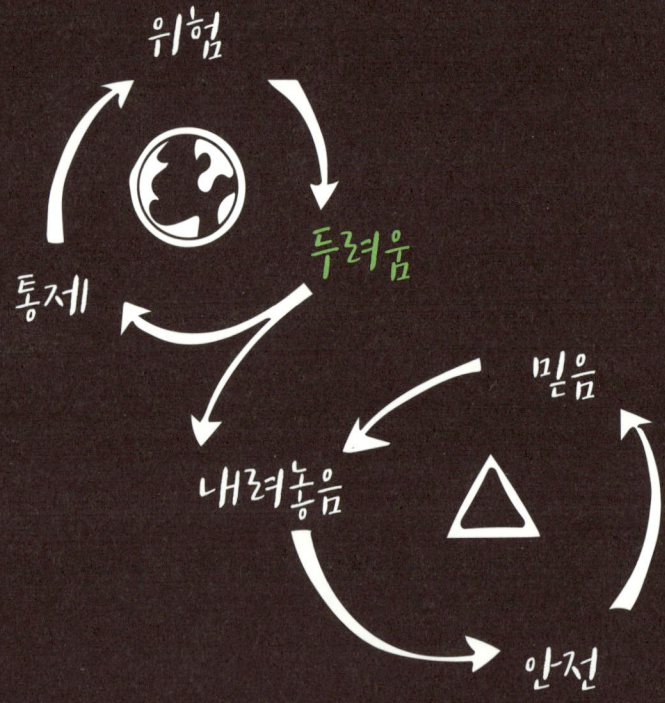

관점이 행동을 결정한다

앨버트 아인슈타인(Albert Einstein)은
자신이 단 한 시간 안에 한 가지 문제를
풀어야 살아남을 수 있다면 옳은 질문을
알아내는 데 55분을 사용하겠다고
말했다. "옳은 질문만 알아내면 문제는
5분 안에 풀고도 남는다." 아인슈타인은
잘못된 질문으로 시작하면 죽었다 깨어나도 절대 옳은 답에
이를 수 없다는 원리를 정확히 꿰뚫고 있었다.

"옳은 질문을 던지세요."

1장에서 우리는 종교가 "세상을 어떻게 통제할
것인가?"라는 질문으로 시작된다는 점을 배웠다. 이 하나의
질문에 각 종교와 철학이 다른 답을 제시한다. 하지만 우리가
확인했듯이 그 어떤 답도 우리를 괴롭히는 위험과 두려움,

통제의 굴레를 끊지 못한다. 설상가상으로 어떤 종교는 오히려 우리를 더 큰 두려움에 빠뜨려 세상을 더 위험한 곳으로 전락시킨다.

하지만 예수님은 전혀 다른 질문으로 시작하셨다. 예수님은 "세상을 어떻게 통제할 것인가?" 대신 "세상을 어떻게 볼 것인가?"라고 물으셨다.

예수님은 제자들에게 의식이나 규칙으로 이루어진 새로운 통제 시스템이 아니라 세상을 보는 새로운 눈을 주기 원하셨다. 그렇다고 해서 행동이 중요하지 않다는 뜻은 아니다. 행동도 중요하다. 그것도 아주 많이. 다만 예수님은 관점이 행동을 결정한다는 점을 잘 알고 계셨다. 세상을 어떻게 보느냐가 그 안에서 어떻게 살지를 결정한다. 예수님처럼 사랑과 나눔, 용서, 자비로 행동하려면 먼저 그분의 눈으로 세상을 볼 수 있어야 한다.

병사들이 예수님과 그 일행을 체포하러 들이닥쳤을 때의 상황을 예로 들어 보자. 베드로는 위험하게 보이는 상황을 통제하기 위해 검을 뽑아들었다. (원래 병사가 아니라 검을 들어 본 적이 없는 어부였던 탓에 겨우 적병 한 명의 귀를 벤 것이 고작이었다.) 하지만 예수님은 저항하시지 않았다. 예수님은 공격하지도 도망치지도 않았다. 오히려 자신을 체포하러 온 적병의 귀를 치료해 주셨다.

예수님이 베드로와 다르게 행동하셨던 것은 그가 보지 못한 것을 보셨기 때문이다. 병사들과 검들의 한복판에서 예수님은 하나님이 함께 계시는 세상을 보셨다. 예수님은 하늘 아버지께서 일촉즉발의 그 순간에도 여전히 함께 계신다는 사실을 정확히 알고 계셨다. 어두움이 다스리는 것만 같은 순간에도 결국은 모든 상황이 좋아질 줄 알기에 조금도 두려워하시지 않았다.

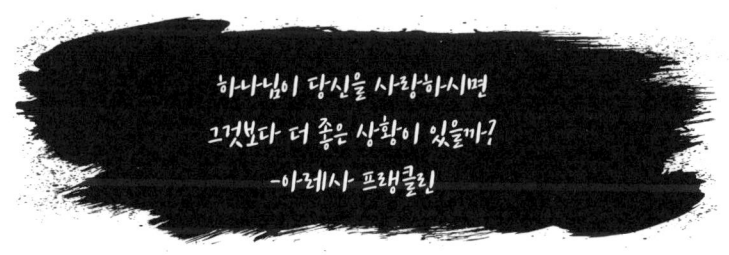

하나님이 당신을 사랑하시면
그것보다 더 좋은 상황이 있을까?
-아레사 프랭클린

풍랑 속을 항해할 때도, 동산에서 로마 병사들을 마주했을 때도, 점심 값이 없을 때도, 베드로를 비롯한 제자들은 두려워했다. 예수님의 기적과 비유는 그런 제자들의 눈을

뜨이게 만들기 위한 수단이었다. 예수님은 제자들이 하나님 안에서 절대적으로 안전하기에 두려워할 필요가 전혀 없는 세상을 보기를 원하셨다.

아무도 인생을
통제할 수 없다

"예수님이 진담으로 하신 말씀일까?"

한번은 서른 명이 모인 교실에서 함께 산상수훈을 읽고 나서 위의 질문을 던졌다. 산상수훈(마 5-7장)은 용서하고 다른 편 뺨을 돌려대고 원수를 사랑하라는 명령을 비롯해서 예수님의 가장 유명한 가르침들을 담고 있다. 손을 들어 답을 표시하게 했더니 30대 0으로 진담이 아니라는 대답이 압도적이었다.

"왜 그런가요?"라고 물었더니 갖가지 대답이 나왔다.

"그렇게 사는 것은 불가능합니다."

"예수님은 단지 요점을 전달하기 위해 과장법을 쓰신 겁니다."

"그런 식으로 행동하면 사람들이 우습게 봅니다."

교회에 열심히 다니는 사람들이 예수님의 명령을 이렇게
가볍게 여긴다는 사실이 너무도 뜻밖이었다. 특히나 예수님이
그분의 말씀에 순종하지 않을 때의 위험을 경고하면서
산상수훈을 마치셨건만 어떻게 그런 말을 할 수 있단 말인가(마
7:24-27). 그 수업에 참여했던 사람들 대부분은 산상수훈의
아름다움과 그 높은 이상을 흠모했다. 하지만 세상을
위험천만한 곳으로 보면 산상수훈은 현실과 동떨어진 얘기일
뿐이다. 그래서 그들은 거저 나눠 주고 원수를 축복하고
분노 없이 살아가라는 명령을 과장법으로 해석하거나 아예
어리석은 소리로 거부할 수밖에 없었다.

대부분의 사람들은 종교에서 위험한 세상을 통제할
방법을 찾는다. 그래서 대부분의 사람들에게 산상수훈이
황당한 소리처럼 들리는 것이다. 산상수훈은 우리에게
통제력을 제시하지 않는다. 오히려 통제가 환상이라는 단순한
사실을 일깨워 줄 뿐이다. 우리는 지금도 세상을 통제하지
못하고 앞으로도 영원히 통제할 수 없다. 우리가 아무리
세상을 통제하려고 애를 써 봐야 안전해지지 않는다. 그런
식으로는 두려움이 가시지 않는다. 따라서 통제를 약속하는
모든 종교는 기만 그 자체다. 그래서 산상수훈 중에 예수님은

이렇게 물으셨다. "너희 중에 누가 염려함으로 그 키를 한 자라도 더할 수 있겠느냐"(마 6:27).

통제가 불가능하다면 어떻게 두려움을 극복하고 악순환의 고리를 끊을 수 있을까? 답은 바로 하나님과 함께하는 삶에 있다.

> "모든 것이 통제되는 것처럼 보인다면 충분히 빠르게 가고 있지 않는 것이다."
> -마리오 안드레티

안전한 세상	위험한 세상
통제를 내려놓는다	통제를 요구한다
원수를 사랑한다	원수를 미워한다
후히 나눠 준다	인색하게 군다
용서한다	복수한다
내 십자가를 진다	내 권리를 주장한다

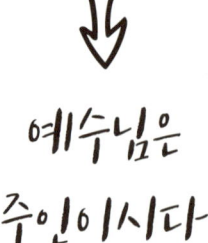

예수님은 주인이시다

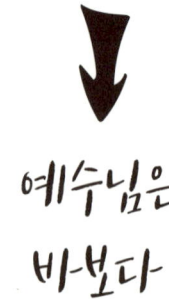

예수님은 바보다

하나님을 분명히 보고 그분의 끝없는 선하심을 경험하면 인생을 송두리째 바꿔 놓을 만큼 놀라운 진리를 발견할 수 있다. 그 진리는 바로 우리가 그분의 손안에서 완벽하게 안전하다는 것이다.

사도 요한은 기나긴 인생길이 끝나갈 무렵 예수님의 가르침 전체를 이렇게 정리했다. "하나님은 빛이시라 그에게는 어둠이 조금도 없으시다"(요일 1:5). 예수님은 하나님이 '항상' 믿을 수 있는 분이라는 복된 소식을 세상에 전해 주셨다. 그리고 죽음의 순간까지도 자신을 온전히 하나님의 손에 맡기심으로써 그 진리를 몸소 증명해 보이셨다. 예수님은 하나님이 되살려 주실 줄 알기에 기꺼이 자신의 목숨을 내어놓으실 수 있었다. 그렇게 예수님은 죽음조차도 우리를 하나님의 사랑에서 갈라놓을 수 없음을 보여 주셨다(롬 8:38-39). 이것이 사실이라면 우리는 이 세상에서 완전하게 안전하다.

바로 이것이 산상수훈의 중심을 통과하는 주제다. 세상이 거부하는 자들을 하나님이 축복하신다고 설명하신 도입부부터 하늘 아버지께서 우리를 얼마나 사랑하시는지를 설명하신 허리 부분, 그리고 하나님과 함께 사는 자들은 세상의 풍파를 두려워할 필요가 없다고 말씀하신 결론 부분까지, 이 모든 설교의 요지는 하나님의 선하심을 보고 알면 두려움에서 해방된다는 것이다.

    하나님의 선하심을 또렷이 보면 비로소 세상을 안전한 곳으로 볼 수 있다. 그리고 그렇게 우리의 안전을 절대적으로 확신할 때만이 비로소 원수까지도 섬기고 용서하고 축복하고 사랑할 힘을 찾을 수 있다. 이렇게 새로운 눈으로 세상을 볼 때 찾아오는 힘, 두려움을 이기는 이 힘의 또 다른 이름은 바로 믿음이다.

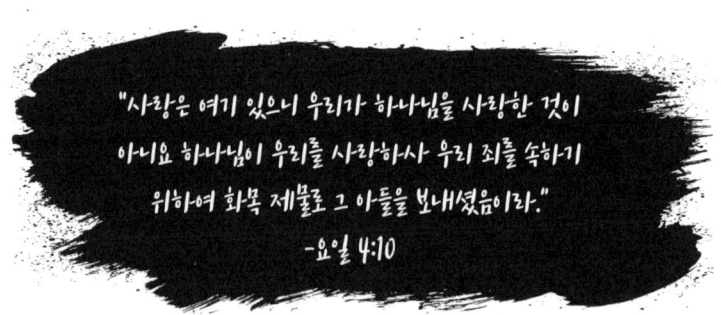

"사랑은 여기 있으니 우리가 하나님을 사랑한 것이 아니요 하나님이 우리를 사랑하사 우리 죄를 속하기 위하여 화목 제물로 그 아들을 보내셨음이라."
-요일 4:10

당신 손을 반드시 잡아 줄 분이 계시다

네덜란드의 사제이자 교수이며 작가였던 헨리 나우웬(Henri Nouwen)은 플라잉 로들라이(Flying Rodleighs) 서커스단을 통해 믿음에 관한 큰 깨달음을 얻었다. 나우웬이 가만히 보니 모든 사람의 시선이 공중을 날며 놀라운 기예를 뽐내는 곡예사에게 쏠려 있지만 공연의 실제 주인공은 그가 아니었다. 사람들은 곡예사가 공중에서 마음껏 묘기를 부릴 수 있는 것이 안전하게 잡아 줄 사람이 있다는 것을 알기 때문이라는 점을 놓치고 있었다. 궁극적으로 곡예의 성패는 잡아 주는 사람에게 달려 있다. 덕분에 나우웬은 하나님과 함께하는 삶을 새롭게 이해하게 되었다.

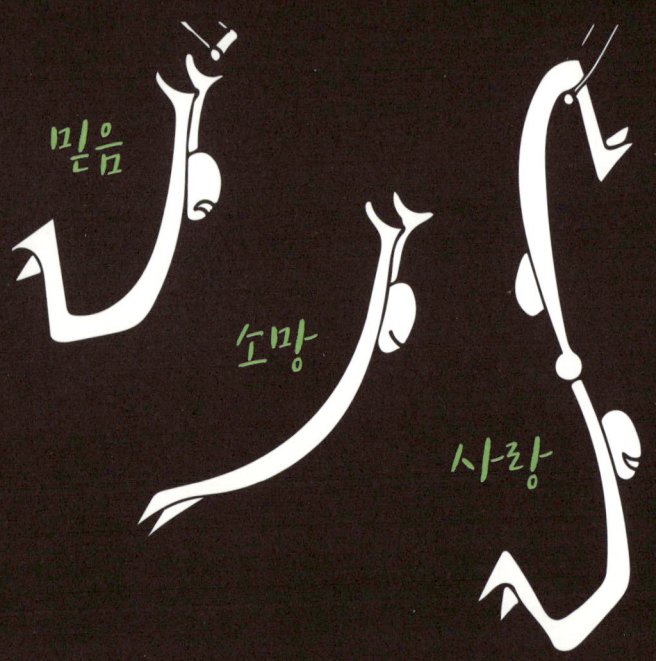

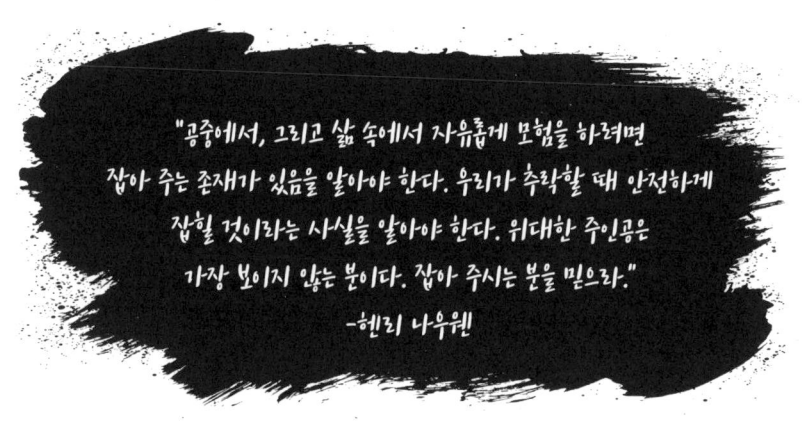

"공중에서, 그리고 삶 속에서 자유롭게 모험을 하려면 잡아 주는 존재가 있음을 알아야 한다. 우리가 추락할 때 안전하게 잡힐 것이라는 사실을 알아야 한다. 위대한 주인공은 가장 보이지 않는 분이다. 잡아 주시는 분을 믿으라."
-헨리 나우웬

믿음은 통제 욕구의 정반대다. 믿음은 자진해서 통제를 내려놓는 것이다. 믿음은 자신을 내려놓고 자신을 잡아 줄 분이 있음을 믿는 것이다. "믿음은 바라는 것들의 실상이요 보이지 않는 것들의 증거니"(히 11:1). 믿음은 어떤 일이 있어도 하나님이 우리를 떨어지게 놔두시지 않는다는 진리를 단단히 부여잡는 것이다.

이런 확신을 얻으면 기꺼이 자신을 내려놓고 허공을 향해 과감히 날아오를 수 있다. 나의 안전이 무너질까 하는 자기중심적인 두려움 없이 자유롭게 남들을 사랑할 수 있다. 하나님이 나를 붙잡아 주실 것이라는 확실한 소망에서 오는 평안과 기쁨으로 선을 행할 수 있다.

그러나 하나님의 손에 안전하게 잡힌 뒤에는 믿음과 소망이 더 이상 필요하지 않다. 이제 사랑만 남는다.

 지금 하나님이 당신에게 무엇을 하라고 말씀하고 계신가? 무엇이 두려워서 그분을 향해 삶을 던지지 못하는가?

Chapter 9

당신에게 필요한 전부는 사랑이다

충분한 사랑의 원천과
함께하는 인생

사랑 측정계

사랑으로
끝까지 추격하신다

　예수님은 사랑에 관해 자주 말씀하셨지만 그것은 엽서나 멜로드라마에서 볼 수 있는 연약하고 감정적인 사랑이 아니다. 예수님은 상대방이 거부해도 끝까지 그의 유익을 추구하는 강인하고 맹렬하며 집요한 사랑을 말씀하신 것이다. 평생 가난, 우울증, 마약 중독과 싸웠던 19세기 시인 프랜시스 톰프슨(Francis Thompson)은 하나님의 지칠 줄 모르는 사랑을 "천국의 사냥개"에 비유했다. 우리를 물기까지 집요하게 추격하는 사냥개 말이다.

　마틴 루터 킹 주니어(Martin Luther King, Jr.)는 하나님의 이런 완강한 사랑을 생생하게 경험했다. 앨라배마주 몽고메리에서 버스 보이콧을 이끌던 1956년의 어느 추운 겨울밤, 킹은 소름 끼치는 협박 전화를 한 통 받았다. 수화기 반대편의 목소리는 킹이 마을을 떠나지 않으면 가족 전체를 몰살하겠다고 엄포를 놓았다. 그날 킹은 잠이 오지 않아 커피 한 잔을 입 속에 들이부은 뒤에 주방 탁자 앞에 털썩 주저앉았다. 나중에 그는 그날을 회상하며 "죽을 만큼 무서웠고, 두려움에 옴짝달싹할 수 없었다"라고 고백했다.

킹이 어두컴컴한 주방에 홀로 앉아 있을 당시는 몰랐지만 그를 추격하는 것은 KKK(Klu Klux Klan)단만이 아니었다. 바로 천국의 사냥개도 그를 바짝 뒤쫓고 있었다. 얼굴을 두 손에 묻고 두려움에 떨던 킹의 안에서 목소리가 들렸다. 성령의 음성이었다. "의를 위해 일어서라. 정의를 위해 일어서라. 진리를 위해 일어서라. 내가 세상 끝날까지 너와 함께하리라."

몇 년 뒤 킹은 설교 중에 이 사건을 회상하며 하나님이 "나를 떠나지 않겠다고, 홀로 두지 않겠다고 약속하셨다"라고 말했다.

집 주방에서의 그 순간, 킹은 두려움이 몸에서 빠져나가고 대신 초자연적인 용기가 들어오는 것을 느꼈다. 하나님의 사랑은 그에게서 "두려움 없이 일어설 수 있다. 그 무엇에도 과감히 맞설 수 있다"라는 고백을 이끌어 냈다.

사냥개는 여기서 멈추지 않았다. 사흘 뒤 킹의 집에서 폭탄이 터졌다. 다행히 한 명도 다치지 않고 무사히 탈출했지만 성난 흑인 군중이 복수하겠다며 무기들을 들고 모여들었다. 그때 킹은 아직도 연기가 피어오르는 현관 앞에 서서 군중에게 예수님의 말씀을 인용했다.

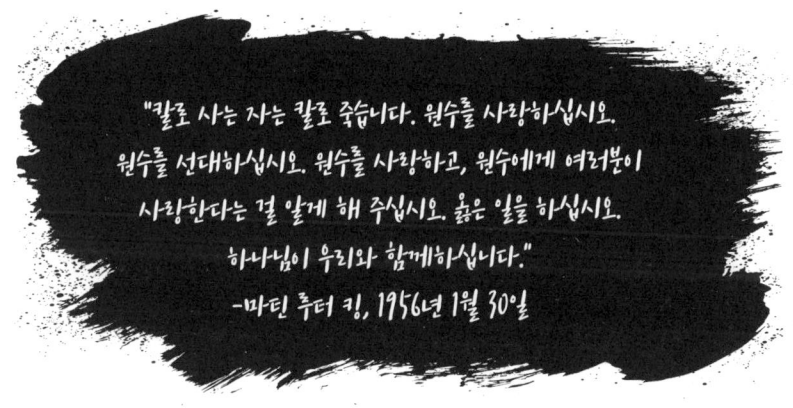

"칼로 사는 자는 칼로 죽습니다. 원수를 사랑하십시오. 원수를 선대하십시오. 원수를 사랑하고, 원수에게 여러분이 사랑한다는 걸 알게 해 주십시오. 옳은 일을 하십시오. 하나님이 우리와 함께하십니다."
-마틴 루터 킹, 1956년 1월 30일

순간, 군중을 휘감았던 두려움과 분노는 눈 녹듯이 녹아내렸다. 사람들은 하나둘 총을 내려놓고 손을 들어 찬양하기 시작했다. 천국의 사냥개가 또다시 사냥감을 물었다.

예수님 사랑,
성벽을 허물다

　13세기 신학자 토머스 아퀴나스(Thomas Aquinas)는 두려움은 영혼을 수축시키는 힘이라고 말했다. 두려움은 우리의 마음을 위축시켜 자기 자신에게 몰두하게 만든다. 바로 이것이 마틴 루터 킹 주니어가 주방에서 "두려움에 옴짝달싹할 수" 없었을 때 겪은 현상이다. 스스로도 인정했듯이 당시 킹은 하나님의 정의를 펼치거나 원수를 사랑하는 것보다 자신과 가족을 보호하는 데 급급했다.

> "두려움은 너무도 강력한 감정이어서 그것이 우리를 뒤덮도록 놔두면 우리의 마음속에서 연민을 몰아낸다."
> -토머스 아퀴나스

아퀴나스는 두려움에 빠진 사람을 포위된 중세의 성에 빗대었다. 적군이 몰려오면 성 밖 사람들은 부리나케 식량과 옷가지를 챙겨서 성 안으로 대피했다. 그러고 나서 성문이 닫히면 주민들은 성 안에 쌓인 식량이 적군의 식량보다 오래 가기만을 간절히 바랐다. (역사상 가장 긴 포위는 무려 22년을 갔다!)

마찬가지로 두려움에 휩싸이면 우리의 모든 에너지와 자원이 안으로 향하게 되어 있다. 자신의 생존에만 급급해져 동정이나 나눔이니 따위를 생각할 겨를이 없다. 남에게서 떨어져 벽 뒤에서 살게 된다.

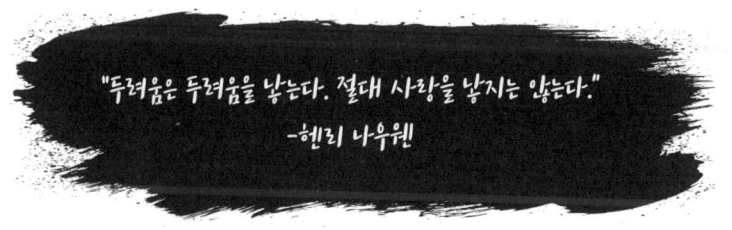
"두려움은 두려움을 낳는다. 절대 사랑을 낳지는 않는다."
-헨리 나우웬

이런 포위의 비유는 종교가 말로만 사랑을 떠들고 실제로 사랑하지는 못하는 이유를 설명해 준다. 두려움과 통제 욕구에서 시작된 종교는 우리가 안으로 향하게 만든다. 그래서 외부인들에게 방어적으로 굴고 우리와 다른 사람들을

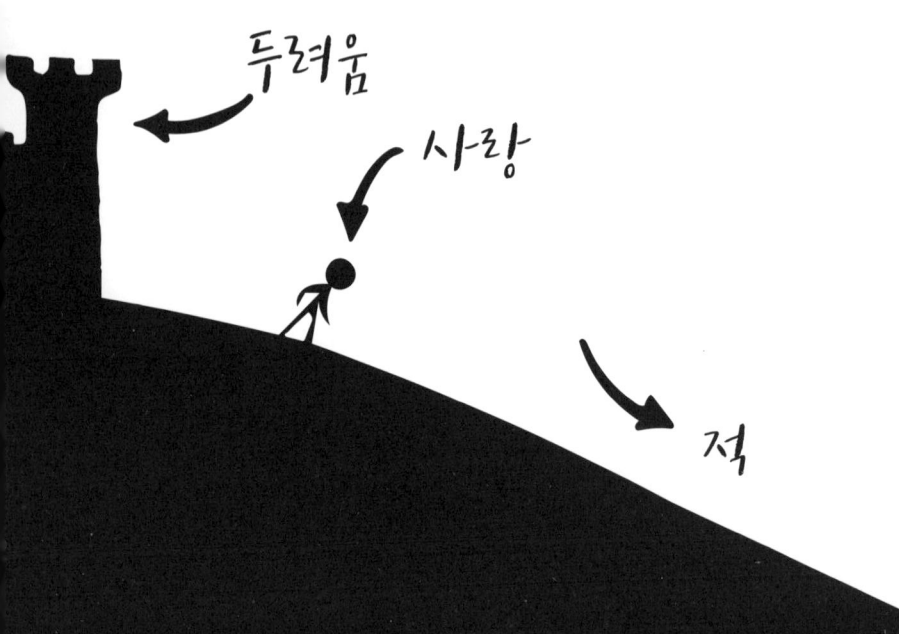

"사랑 안에 두려움이 없고
온전한 사랑이 두려움을 내쫓나니."
-요일 4:18

위협거리로 여긴다. 그렇게 종교적인 개인들 혹은 종교적인 집단들은 안전할 것이라는 착각 속에서 계속해서 성을 점점 더 높이 쌓는다.

하지만 예수님의 사랑은 포위를 풀고 성벽을 허문다. 킹을 옴짝달싹할 수 없는 상태에서 다시 일으켜 적들을 사랑하게 만든 것이 바로 이 사랑이었다. 서양의 기독교 제국들이 동양의 이슬람 제국들과 충돌했던 13세기 십자군 전쟁 당시 세상을 살았던 아시시의 성 프란체스코(Francis of Assisi)를 봐도 사랑의 힘을 확인할 수 있다. 1219년 이집트에서 십자군이 술탄 말릭 알 카밀(Malik al-Kamil)의 군대와 치열한 전투를 벌일 당시, 프란체스코는 십자군 사령관의 명령을 무시하고 술탄을 찾아갔다.

다들 술탄이 무자비한 괴물이며 적진에 들어갔다가는 무시무시한 고문을 받고 죽임을 당할 것이라고 경고했다. 하지만 그 무엇도 두려움이 아닌 사랑으로 충만한 프란체스코를 막을 수는 없었다. 그는 무기도 신발도 없이 달랑 겉옷 하나만 걸친 채 전선을 건넜다. 놀란 이슬람 병사들은 뭔가에 홀린 듯 그를 술탄 앞으로 인도했다.

"주님의 평안이 왕께 임하기를 원합니다!"

프란체스코는 그렇게 인사하며 자신을 십자군이나 유럽의
왕 혹은 교황의 사자가 아닌 "예수님의 사자"로 소개했다.

프란체스코가 전쟁이 아닌 평화를 원한다는 사실을
알아챈 왕은 그를 귀빈으로 초대해 그곳에 머물게 했다.
그리하여 두 사람은 며칠 동안 함께 식사를 하며 많은
대화를 나누었다. 알고 보니 술탄은 미개한 폭군이 아니라
마음이 꽤 열린 철학적인 사람이었다. 그는 두려움을 모르는
프란체스코에게서 예수님에 관해 더 배우기를 원했고,
프란체스코도 겸손한 자세로 술탄에게서 배웠다.

두 사람은 환대와 상호 존중의 정신으로 피의 시대
한복판에 평화의 오아시스를 세웠다. 종교가 성벽을 세우고
전쟁을 촉발시키는 곳에서 예수님의 사랑은 장벽을 허물고
치유를 가져온다. 오늘날 세상에 필요한 것이 바로 이것이
아니던가.

성 프란체스코의 기도

주여, 나를 평화의 도구로 써 주소서.
미움이 있는 곳에 사랑을
상처가 있는 곳에 용서를
의심이 있는 곳에 믿음을
절망이 있는 곳에 소망을
어둠이 있는 곳에 빛을
슬픔이 있는 곳에 기쁨을 심게 하소서.

위로받기보다는 위로하고
이해받기보다는 이해하며
사랑받기보다는 사랑하게 하소서.
줌으로써 받고
용서함으로써 용서받으며
자신에 대해 죽음으로써 영원한 생명을 얻기 때문이니.

조용히 있는 시간을 가지라

 사과나무에 배가 열리거나 포도나무에 체리가 열리는 것을 봤는가? 그런 일은 불가능하다. 식물은 그 안에 품은 것만을 생산할 수 있다. 예수님은 사람도 마찬가지라고 말씀하셨다. 우리가 가지지 못한 것을 생산할 수는 없다. 아시시의 성 프란체스코와 마틴 루터 킹 주니어, 마더 테레사, 로렌스 형제가 하나님의 맹렬한 사랑을 세상에 보여 줄 수 있었던 것은 하나님과 '함께' 살면서 그들 속에 그 사랑이 가득 찼기 때문이다. 사도 요한은 우리가 남들을 사랑할 수 있는 것은 하나님이 먼저 우리를 사랑하셨기 때문이라고 말했다(요일 4:19).

 사랑이야말로 모든 것의 열쇠다. 우리가 두려움의 바리케이트를 뚫으려면, 위험과 통제의 끝없는 굴레에서 탈출하려면, 종교의 문제점을 극복하여 더 나은 세상을 만들려면, 먼저 우리 스스로 하나님의 사랑을 알아야만 한다. 그런데 설교를 듣거나 책(심지어 막대그림과 도표까지 동원한 책이라 해도)을 읽어서는 하나님의 사랑을 알 수 없다. 하나님의 사랑을 알려면 직접 경험해야 하고, 그러려면 조용히 있는 법을 배워야 한다.

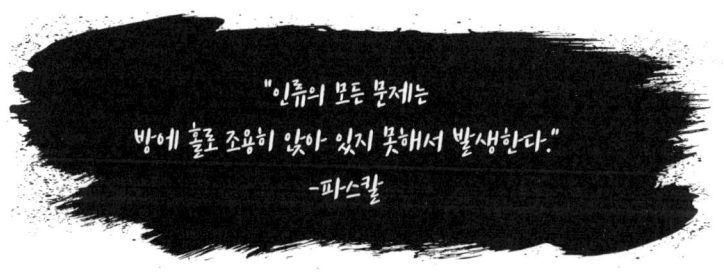

"인류의 모든 문제는 방에 홀로 조용히 앉아 있지 못해서 발생한다."
-파스칼

침묵과 고독 속에서 두려움과 통제 욕구를 비롯한 우리 영혼 속에 숨겨진 것들이 밖으로 표출된다. 자신의 악과 이기적인 욕심이 그늘 아래서 스멀스멀 기어 나오면서 불쾌함을 경험하게 된다. 우리가 끝없는 활동에 매진하고 텔레비전 오락 프로그램을 보며 웃고 떠드는 동안 억지로 한쪽에 치워 두었던 분노와 수치심, 죄책감, 슬픔이 갑자기

노도처럼 밀려오기 시작한다. 침묵 속에서 우리는 요동치는 내면의 소음에 기진맥진해진다.

    하지만 계속해서 견디면 어느 순간 놀라운 일이 벌어진다. 우리가 충분히 안전하지 않다고, 충분히 똑똑하지 않다고, 충분히 선하지 않다고, 충분히 아름답지 않다고, 충분히 성공하지 못했다고, 충분히 인기가 없다고 속삭이는 내면의 목소리들이 들려온다. '더 많은 통제'를 외치는 종교와 세상의 목소리들도 아우성친다. 그러다 이 모든 목소리가 서서히 잦아들고 정말로 중요한 단 하나의 목소리가 우리에게 필요한 유일한 진리를 속삭이기 시작한다. 침묵 가운데서 하나님이 우리를 만나 "너는 사랑받는 자다"라고 속삭여 주신다.

1995년 봄 〈리더십 저널〉(*Leadership Journal*)에 실린 "고독에서 공동체로, 그리고 사역으로"라는 글에서, 헨리 나우웬은 하나님과 단둘이 있는 시간의 중요성을 다음과 같이 설명했다.

> 기도하는 것은 우리를 "내 사랑받는 딸아", "내 사랑하는 아들아", "내 사랑하는 자녀야"라고 부르시는 분의 음성에 귀를 기울이는 것이다. 기도하는 것은 이 음성에 우리 존재의 중심, 우리의 폐부를 열어 이 음성이 우리 존재 전체에서 울려 퍼지게 하는 것이다. 이 사실을 늘 기억하고 살아가면 막대한 실패뿐 아니라 막대한 성공에도 자신의 정체성을 잃지 않을 수 있다. 왜냐하면 우리의 정체성은 사랑받는 자이기 때문이다.
> "내가 변함없는 사랑으로 너를 사랑한다."
> 아버지와 어머니, 형제자매, 선생님, 교인들을 비롯한 남들이 처음 우리를 사랑으로 대해주거나 우리에게 상처를 주기 훨씬 전부터, 우리가 누군가에게 처음 거부를 당하거나 칭찬을 받기 훨씬 전부터, 이 목소리는 항상 존재했다. 이 사랑은 우리가 태어나기 전에도

있었고 우리가 죽은 뒤에도 계속해서 있을 것이다.

이제 끝이 보인다. 지금쯤 당신이 종교가 무엇이 문제이며 예수님이 왜 그토록 놀라운지를 충분히 이해했기를 바란다. 당신이 단순히 하나님을 '위해' 살기보다는 하나님과 '함께하는' 삶에서 오는 자유와 평안을 누리기를 간절히 기도한다. 그리고 그분의 무한한 가치를 보며 그것이 바로 당신의 가치라고 선포하시는 음성을 듣기를 바란다.

다음 단계들

> 하나님과 단둘이 만나 그분의 음성에 귀를 기울이라.

> 성경을 펴서 요한복음을 읽으라.

> 예수님을 아는 사람과 대화를 나누라.

> 당신이 무엇을 두려워하는지 알아내라.

> 이 책을 사랑하는 이에게 선물하라.

하나님과 함께하는 삶을 위한 안내서

- 스카이 제서니, 《With : 하나님과 바르게 관계 맺는 법》 (죠이선교회 역간)
- 로렌스 형제, 《하나님의 임재 연습》 (두란노 역간)
- 리처드 포스터, 《기도》 (두란노 역간)
- 톰 라이트, 《톰 라이트가 묻고 예수가 답하다》 (두란노 역간)
- 헨리 나우웬, 《탕자의 귀향》 (포이에마 역간)
- A. W. 토저, 《하나님을 추구하라》 (복있는사람 역간)

질문 있는가?

진심으로, 당신이 믿음을 발견하도록 돕고 싶다.

어떤 질문이든 아래 이메일로 보내 주길 바란다.

ReligionBook@SkyeJethani.com